DON QUIJOTE DE LA MANCHA

MIGUEL DE CERVANTES SAAVEDRA

DON QUIJOTE
DE LA MANCHA

PRIMERA PARTE

EDICIÓN SIMPLIFICADA PARA
USO ESCOLAR Y AUTOESTUDIO

Esta edición, cuyo vocabulario se ha elegido
entre las palabras españolas más usadas (según
CENTRALA ORDFÖRRÅDET I SPANSKAN
de Gorosch, Pontoppidan-Sjövall), ha sido resu-
mida y simplificada para satisfacer las necesidades
de los estudiantes de español con unos conocimien-
tos un tanto avanzados del idioma.

EDICIÓN A CARGO DE:

Berta Pallares *Dinamarca*

CONSULTORES:

Inga Säfholm *Suecia*
Maxim Kerkhof *Holanda*

Cubierta: Ib Jørgensen
Ilustraciones: Torben Ebbesen

© 1972 por ASCHEHOUG A/S
ISBN Dinamarca 87-429-7740-1

Impreso en Dinamarca por
Sangill Bogtryk & offset, Holme Olstrup

MIGUEL DE CERVANTES SAAVEDRA
(1547–1616)

Su condición de soldado le llevó a tomar parte en muchas de las expediciones militares importantes en su época.

Pasó cinco años cautivo en Argel. Su vida estuvo llena de trabajos y de pobreza, pero Cervantes salió de ellos con entereza y dignidad lo que evidencia su carácter heroico y generoso.

Cultivó la poesía y el teatro pero donde alcanza su fama es en el género de la novela. Las dos partes de *El Ingenioso hidalgo don Quijote de la Mancha* (Primera parte 1605, segunda parte 1615) le han dado fama eterna.

En esta obra Cervantes, con melancólica ironía, hace la crítica de la España imperial. A la vez logra con ella una síntesis excepcional de las dos orientaciones que definen el espíritu español: la que valora, sobre todo, los ideales y la que tiene clara conciencia de la realidad. La nota esencial que Cervantes aporta a esta síntesis es que estas dos concepciones no aparecen en su obra como contrarias e irreductibles sino tejidas una en otra como la vida las muestra. Y es que Cervantes supo observar. Por eso sus personajes tienen un tono acabadamente humano. ¿Está loco don Quijote? ¿Está cuerdo? Por encima de toda posible pregunta y de toda posible respuesta está la profunda humanidad del caballero. También Sancho tiene una honda humanidad. La gran verdad humana de los dos personajes hace de ellos no tipos sino seres vivos en los que de una u otra manera puede verse reflejado el hombre. De ahí su trascendencia y su universalidad.

ALGUNAS OBRAS DE CERVANTES

La Galatea (1585). Doce *Novelas ejemplares* (1613) entre las que destacan *El Licenciado Vidriera, La Gitanilla,* y *El coloquio de los perros.*

Entre sus obras teatrales hay que recordar *El retablo de las maravillas, La guarda cuidadosa y Pedro de Urdemalas.*

FRANCIA

San Sebastián

lbao

Pirineos

OVINCIAS
SCONGADAS
Y NAVARRA

Andorra

A VIEJA

CATALUÑA

OZaragoza

Barcelona O

riaO

ARAGÓN

MALLORCA

UEVA

ValenciaO

ISLAS
BALEARES

HA

O
Albacete

VALENCIA

N

MURCIA

Alicante

MurciaO

Cartagena

da

ríaO

Mar Mediterráneo

0   100   250

km

7

MAPA de la MANCHA

ÍNDICE

DE COMO ERA DON QUIJOTE

En un *lugar* de la *Mancha*, de cuyo nombre no quiero acordarme, no hace mucho tiempo que vivía un *hidalgo* de los de lanza en *astillero*, *adarga* antigua, *rocín* flaco y *galgo* corredor. Tenía en su casa un ama que pasaba de los cuarenta años, una sobrina que no llegaba a los veinte, y un mozo.

Tenía el hidalgo unos cincuenta años, era seco de carnes, seco de rostro, gran *madrugador* y amigo de la caza.

Este hidalgo, en los ratos en que estaba libre (que eran los más del año), se dedicaba a leer *libros de caballerías*, con tanta afición y gusto, que olvidó casi del todo la caza y aun el cuidado de su hacienda; y llegó a tanto su curiosidad y locura en esto, que vendió parte de sus tierras para

adarga

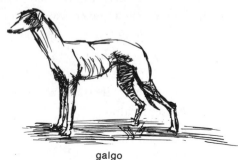

galgo

---

lugar, pueblo.

Mancha, ver mapa de la Mancha.

hidalgo, persona que, aunque no era noble, se distinguía del pueblo y no vivía de su trabajo.

astillero, construcción de madera u otro material, para apoyar la lanza.

rocín, caballo malo; se dice del que está muy flaco.

madrugador, que madruga; *madrugar*, levantarse muy temprano.

libros de caballerías, ver página 112.

comprar libros de caballerías en los que leer. El pobre
caballero perdía el juicio, y se hundió tanto en la lectura
de estos libros que se pasaba las noches y los días leyendo;
y así, del poco dormir y del mucho leer, se le secó el
cerebro. Se le llenó la cabeza de todo aquello que leía
en los libros, así de *encantamientos* como de batallas, heri-

---

encantamiento, acción y efecto de *encantar*, hacer maravillas por medio
de palabras misteriosas.

das, amores y disparates imposibles, y se le quedó de tal modo en la imaginación que era verdad todo aquello que leía, que para él no había otra historia más cierta en el mundo.

Perdido ya el juicio, *vino a dar en* el más extraño pensamiento en que jamás dio loco alguno en el mundo, y fue que le pareció necesario hacerse caballero andante y, con sus armas y caballo, irse a buscar aventuras y a ejercer todo aquello que había leído que hacían los caballeros andantes, deshaciendo todo género de ofensas y poniéndose en ocasiones y peligros donde, acabándolos, lograse eterno nombre y fama. Y así lo primero que hizo fue limpiar unas armas que habían sido de sus *bisabuelos*.

Fue luego a ver a su rocín, y le pareció que ni el *Bucéfalo* de Alejandro, ni *Babieca* el del *Cid* se igualaban con él. Cuatro días se le pasaron en imaginar qué nombre le pondría, porque (según se decía a sí mismo) no era razón que caballo de caballero tan famoso, y tan bueno como él, estuviese sin nombre conocido; y así, después de muchos nombres que formó y quitó, al fin le vino a llamar Rocinante, nombre, a su parecer, elevado, sonoro y significativo.

Puesto nombre, y tan a su gusto, a su caballo, quiso ponérselo a sí mismo, y en este pensamiento se le pasaron ocho días, y al cabo se vino a llamar don Quijote. Pero, acordándose de que el valiente *Amadís* no se había contentado con llamarse sólo Amadís, sino que añadió el nombre de su patria para hacerla famosa, y se llamó *Amadís de Gaula*, así quiso, como buen caballero, añadir

---

vino a dar en, se le ocurrió.
bisabuelo, padre del abuelo.
Bucéfalo, Alejandro, Babieca, Cid, Amadís, Amadís de Gaula, ver página 112.

al suyo el nombre de la suya y llamarse don Quijote de la Mancha, con que, a su parecer, honraba a su patria.

Limpias, pues, sus armas, puesto nombre a su rocín y a sí mismo, entendió que no le faltaba otra cosa sino buscar una dama de quien enamorarse; porque el caballero andante sin amores era como árbol sin hojas y sin fruto y como cuerpo sin alma. Decíase él: «Si yo me encuentro por ahí con algún *gigante*, como de ordinario les sucede a los caballeros andantes, y le parto por la mitad del cuerpo o le venzo, ¿no será bien tener a quien enviarle, y que se ponga de rodillas ante mi señora y diga con voz humilde: «Yo, señora, soy el gigante Caraculiambro, señor de la *ínsula* Malindrania, a quien venció en singular batalla el jamás como se debe alabado caballero don Quijote de la Mancha, el cual me mandó que me presentase ante *vuestra merced*, para que vuestra grandeza disponga de mí a su voluntad»? ¡Oh, cómo se alegró nuestro caballero cuando hubo hecho este discurso, y más cuando halló a quien dar el nombre de su dama! Y fue, a lo que se cree, que en un lugar cerca del suyo había una moza labradora de quien él un tiempo estuvo enamorado, aunque ella jamás lo supo. Se llamaba Aldonza Lorenzo, y a ésta le pareció bien darle el título de señora de sus pensamientos; y, buscándole un nombre que se pareciese al de princesa y gran señora, la llamó Dulcinea del Toboso, porque era natural del *Toboso;* nombre, a su parecer, musical, raro y significativo, como todos los demás que a él y a sus cosas había puesto.

---

gigante, hombre mucho más grande de lo normal.

ínsula, forma antigua por isla.

vuestra merced, forma antigua, tratamiento o título de cortesía, hoy, usted.

El Toboso, ver mapa de la Mancha.

Preguntas

1. ¿Quién era don Quijote? ¿Cómo era?

2. ¿Qué nombre se puso a sí mismo? ¿Cómo llamó a su caballo?

3. ¿Qué nombre le dio a su dama? ¿Quién era ésta?

4. ¿Por qué se volvió loco don Quijote?

5. Describa a don Quijote según la ilustración de la página 11.

PRIMERA SALIDA QUE DE SU TIERRA HIZO DON QUIJOTE

Hecho, pues, todo esto, no quiso aguardar más tiempo a poner en efecto su pensamiento. Y así, sin *dar parte* a persona alguna de su intención y sin que nadie le viese, una mañana, antes del día, que era uno de los del mes de julio, se armó de todas sus armas, subió sobre Rocinante y por la puerta falsa salió al campo, con grandísimo contento de ver con cuánta facilidad había dado principio a su buen deseo. Mas apenas se vio en el campo, cuando le vino un pensamiento terrible, que por poco le hizo dejar la comenzada empresa; y fue que le vino a la memoria que no *era armado caballero* y que, según la ley de la caballería, ni podía ni debía tomar armas con ningún caballero. Esto le hizo dudar; pero, pudiendo más su locura que otra razón alguna, decidió hacerse armar caballero por el primero que encontrase a imitación de otros muchos que así lo hicieron, según él había leído en sus libros. Y así se tranquilizó y prosiguió su camino, sin llevar otro que aquél que su caballo quería, creyendo que en aquello consistía la fuerza de las aventuras.

Casi todo aquel día caminó sin que le sucediera cosa que fuese de contar, de lo cual se desesperaba, porque quisiera encontrarse con quien hacer experiencia del valor de su fuerte brazo. Al anochecer, su rocín y él se hallaron cansados y muertos de hambre; y mirando a todas partes

---

dar parte, avisar.

armar caballero a alguien consistía en hacerle realizar y realizar con él una serie de actos; y una vez hechos, podía obtener el título de caballero.

por ver si descubría algún castillo o *majada de pastores* donde pudiese remediar su mucha necesidad, vio, no lejos del camino por donde iba, una *venta*. Dióse prisa a caminar, y llegó a ella a tiempo que anochecía.

Como a nuestro aventurero todo le parecía pasar al modo que había leído, cuando vio la venta se imaginó que era un castillo. Detuvo a Rocinante, esperando que alguien se pusiese a dar señal de que llegaba un caballero al castillo. Pero como vio que tardaban, se llegó a la puerta de la venta, y vio a dos mujeres mozas que allí estaban, y que a él le parecieron dos hermosas *doncellas* que delante de la puerta del castillo estaban. Estas, como vieron venir a un hombre armado de aquella manera, llenas de miedo se iban a entrar en la venta, pero don Quijote, con voz tranquila, les dijo:

– No huyan *sus mercedes*, ni teman nada; porque a la orden de caballería que profeso no toca hacer ofensa a nadie, y menos a unas doncellas principales como sus mercedes muestran ser. Al oírle, las mozas no pudieron contener la risa; el lenguaje, no entendido por ellas, y la mala figura de nuestro caballero aumentaba en ellas la risa, y en él el *enojo*. Salió el *ventero*, hombre que por ser muy gordo era muy tranquilo, el cual, viendo aquella figura extraña, estuvo a punto de acompañar a las mozas en su risa. Pero determinó de hablarle respetuosamente, y así le dijo:

---

majada de pastores, lugar donde se recoge de noche el *ganado* – los animales – y donde viven los *pastores*, hombres que cuidan el ganado.
venta, casa que estaba en los caminos y lugares alejados de los pueblos para que la gente pudiese descansar en ella.
doncella, mujer virgen.
sus mercedes, ustedes.
enojo, disgusto.
ventero, persona que tiene a su cargo el cuidado de la venta.

– Si vuestra merced, señor caballero, busca *posada*, menos cama (porque en esta venta no hay ninguna), todo lo demás lo hallará en ella en mucha abundancia. Don Quijote respondió:

– Para mí, señor *castellano*, cualquier cosa basta. Pensó el ventero que el haberle llamado castellano había sido por creer que él era de *Castilla*, aunque él era *andaluz*.

Don Quijote se bajó del caballo con mucha dificultad y trabajo, ya que en todo aquel día no había probado *bocado*.

Dijo luego al ventero que tuviese mucho cuidado con su caballo, porque era el mejor del mundo. Miróle el ventero y no le pareció tan bueno como don Quijote decía, ni aun la mitad. Después de dejar el caballo, volvió a ver lo que don Quijote mandaba, al cual las doncellas, que ya se habían hecho amigas de él, le estaban quitando las armas. Luego le preguntaron si quería comer alguna cosa.

– Cualquiera comería yo – respondió don Quijote –, porque cualquiera me iría muy bien.

Pusiéronle la mesa a la puerta de la venta, porque allí hacía más fresco, y el ventero le trajo un pedazo de mal cocido *bacalao* y un pan negro y viejo como sus armas.

---

posada, lugar donde, pagando, se puede comer y dormir.
castellano, señor de un castillo; en ese sentido lo toma don Quijote. Natural de Castilla, así lo toma el ventero.
Castilla, ver mapa.
andaluz, natural de Andalucía, ver mapa.
bocado, un poco de comida.
bacalao, pescado; era una comida muy popular.

Preguntas

1. ¿En qué mes del año salió don Quijote en busca de aventuras?

2. ¿Por qué – según don Quijote – era necesario ser armado caballero?

3. ¿A dónde llegó don Quijote cuando anochecía?

4. ¿Cómo vio don Quijote la venta y a sus habitantes?

5. ¿Qué comió don Quijote?

DON QUIJOTE FUE ARMADO CABALLERO.

Lo que más le fatigaba a don Quijote era el no verse armado caballero; y así, llevado de este pensamiento, se dio prisa a terminar la cena, la cual acabada, llamó al ventero y se puso de rodillas ante él diciéndole:

– No me levantaré jamás de donde estoy, valiente caballero, hasta que vuestra cortesía me conceda el favor que quiero pedirle, el cual resultará en alabanza *vuestra* y en provecho del género humano.

El ventero, que vio a don Quijote a sus pies y oyó semejantes razones, estaba confuso mirándole, sin saber qué hacer ni qué decirle, y le rogaba que se levantase; pero don Quijote no quería hacerlo, hasta que el ventero tuvo que decirle que él le concedía el don pedido.

– No esperaba yo menos de vuestra grandeza, señor mío – respondió don Quijote –; y así os digo que el favor que os he pedido, y que de vuestra liberalidad me ha sido concedido, es que mañana me habéis de armar caballero, y esta noche en este castillo yo *velaré las armas*.

El ventero que era un poco burlón, y ya tenía algunas sospechas de la falta de juicio de don Quijote, para tener de qué reír aquella noche, determinó seguirle el humor, y le dijo que era muy justo lo que deseaba y pedía, y que todo se haría de manera que él quedase armado caballero, y tan caballero, que no pudiese serlo más en el mundo.

Preguntóle si llevaba dineros; respondióle don Quijote

---

vuestra, forma antigua, suya, de usted.
· *velar las armas*, acto que consiste en guardar las armas durante una noche, estando cerca de ellas.

que no los traía, porque él nunca había leído en las historias de los caballeros andantes que ninguno los hubiese llevado consigo. El ventero le dijo que en esto se engañaba: que en las historias no se escribía, por haberles parecido a los autores de ellas que no era necesario escribir una cosa tan clara y tan necesaria de llevarse como eran dineros y camisas limpias; y así, tuviese por cierto que todos los caballeros andantes llevaban esto, por lo que pudiese sucederles; y que también llevaban lo necesario para curar las heridas que recibían, porque no todas las veces en los campos donde combatían y salían heridos, había quien los curase; y por esto le daba por consejo que no caminase de allí en adelante sin dinero y sin las cosas dichas. Don Quijote le prometió hacer lo que le aconsejaba con toda puntualidad; y así se dio orden para que velase las armas en un *corral* grande que a un lado de la venta estaba; don Quijote las puso junto a un pozo, cogió su lanza y comenzó a pasear por delante de las armas *al punto que* comenzaba a anochecer.

Contó el ventero a todos cuantos estaban en la venta la locura del caballero y todos se admiraron de tan extraño género de locura; fueron a mirar a don Quijote y vieron que, con tranquilo ademán, unas veces se paseaba; otras, miraba a las armas, sin quitar los ojos de ellas.

Por la noche uno de los *arrieros* fue a dar agua a sus *mulas* y tuvo que quitar las armas de don Quijote de junto al pozo. Don Quijote, viéndole llegar, en voz alta le dijo:

---

corral, lugar cerrado y descubierto en las casas o en el campo.
al punto que, en el momento en que.
arriero, el que trabaja con animales de carga y los conduce de un lugar a otro.
mula, animal hijo de caballo y burra o de asno y yegua.

— ¡Oh tú, atrevido caballero, que llegas a tocar las armas del más valeroso caballero que *ciñó* espada! Mira lo que haces y no las toques, si no quieres dejar tu vida en pago de tu atrevimiento.

El arriero no hizo caso de estas razones. Don Quijote alzó la lanza con las dos manos y dió con ella tan gran golpe al arriero en la cabeza, que le tiró al suelo. Hecho esto, volvió a pasearse con el mismo *sosiego* que antes. Lo mismo sucedió con el segundo arriero que se acercó a dar agua a sus mulas. Al ver lo que sucedía, los compañeros empezaron a tirar piedras sobre don Quijote, el cual no

---

ciñó, pretérito de ceñir.
sosiego, tranquilidad, serenidad.

abandonó las armas. Daba voces el ventero, diciéndoles a todos que don Quijote estaba loco.

El ventero determinó darle la orden de la caballería antes de que sucediese otra desgracia, y le dijo que ya había cumplido en lo de velar las armas, que con solas dos horas de vela se cumplía, y que, por lo tanto, iba a armarle caballero.

Contestóle don Quijote que él estaba allí para obedecerle en todo y que acabase lo más pronto que pudiese.

El ventero trajo luego un libro donde escribía las compras que le hacían los arrieros, y con una vela que le trajo un muchacho, y con las dos ya dichas doncellas, se dirigió a donde don Quijote estaba, al cual mandó ponerse de rodillas, y, leyendo en su libro como si dijese alguna oración, alzó la mano y le dio sobre el cuello un buen golpe, y tras él, otro con la espada, siempre moviendo los labios como si rezara. Hecho esto, mandó a una de aquellas doncellas que le ciñese la espada, la cual lo hizo con mucha gracia. Luego la otra le puso las *espuelas*.

Hecho esto, don Quijote, deseoso de salir buscando aventuras, *ensilló* a Rocinante, montó en él y abrazando al ventero, le dijo las cosas más extrañas, dándole las gracias por haberle armado caballero. El ventero, deseoso de verle ya fuera de la venta, respondió a las palabras de don Quijote y le dejó irse en buena hora, sin pedirle el dinero de la comida.

espuelas

ensillar, ponerle la silla al caballo.

Preguntas

1. ¿Qué le pidió don Quijote al ventero?

2. ¿Cómo era el ventero?

3. ¿Qué cosas debían llevar consigo los caballeros andantes, según el ventero?

4. ¿Quiénes llegaron a la venta?

5. ¿Por qué se enfadó don Quijote con el arriero?

6. ¿Qué hicieron los arrieros?

7. ¿Qué les decía el ventero?

8. ¿Cómo fue armado caballero don Quijote?

9. ¿Qué le dijo don Quijote al ventero?

DE LO QUE LE SUCEDIÓ A DON QUIJOTE CUANDO SALIÓ DE LA VENTA

Don Quijote salió de la venta contentísimo de verse armado caballero. Mas, viniéndole a la memoria los consejos del ventero a cerca de lo que debía llevar consigo, especialmente los dineros y camisas, determinó volver a su casa y ordenar como tener todo lo necesario. También pensaba recibir como *escudero* a un labrador vecino suyo, que era pobre y con hijos, pero muy a propósito para el oficio de escudero. Con este pensamiento guió a Rocinante hacia la aldea, el cual, casi conociendo el camino, con tanta gana comenzó a caminar, que parecía que no ponía los pies en el suelo.

Habiendo andado durante largo rato descubrió don Quijote mucha gente, que, como después se supo, eran unos *mercaderes toledanos* que iban a comprar seda a *Murcia*.

escudo

---

escudero, hombre que llevaba el escudo del caballero cuando éste no lo usaba.

mercader, comerciante, el que compra y vende algo.

toledano, natural de Toledo; ver mapa.

Murcia, ver mapa.

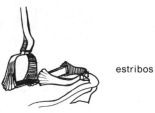
estribos

Eran seis, y venían con cuatro criados a caballo y tres mozos de mulas a pie.

Apenas los vio don Quijote, cuando se imaginó ser cosa de nueva aventura. Y así, se afirmó bien en los *estribos*, apretó la lanza, llegó la adarga al pecho y, puesto en la mitad del camino, estuvo esperando que aquellos caballeros andantes llegasen, que ya él los tenía por tales; y cuando se acercaron y se pudieron ver y oír, levantó don Quijote la voz y dijo:

– Todo el mundo se detenga, si todo el mundo no confiesa que no hay en el mundo todo mujer más hermosa que Dulcinea del Toboso.

Paráronse los mercaderes al ver la extraña figura del que tales palabras decía, y por la figura y lo que decía, vieron la locura de su dueño; mas quisieron ver despacio en qué acabaría aquella confesión que se les pedía, y uno de ellos, que era un poco burlón, le dijo:

– Señor caballero, nosotros no conocemos quién sea esa buena señora; muéstrenosla vuestra merced, y si ella fuere de tanta hermosura como vuestra merced dice, de buena gana confesaremos la verdad que por parte vuestra nos es pedida.

– Si os la mostrara – replicó don Quijote –, ¿qué hiciérais vosotros en confesar una verdad tan clara? La importancia está en que sin verla lo habéis de creer, confesar, afirmar y defender; y de lo contrario, ya vengáis uno a uno, como pide la orden de la caballería, ya todos juntos, como es mala costumbre entre gente de vuestra clase, aquí os espero, confiado en la razón que tengo de mi parte.

– Señor caballero – replicó el mercader –, suplico a vuestra merced en nombre de todos estos príncipes que aquí estamos, que, porque no carguemos nuestras conciencias confesando una cosa jamás vista ni oída por nosotros, vuestra merced nos muestre algún retrato de esa señora, aunque sea como un grano de trigo; y quedaremos con esto satisfechos y seguros, y vuestra merced quedará contento; y aun creo que estamos tan de su parte que, aunque su retrato nos muestre que es *tuerta* de un ojo, por complacer a vuestra merced, diremos en su favor todo lo que quisiere.

Don Quijote respondió lleno de cólera : – Vosotros pagaréis la gran ofensa que habéis hecho a tan gran belleza como es la de mi señora.

Y al decir esto, *arremetió* con la lanza baja contra el que lo había dicho, con tal fuerza, que, si la buena suerte no hiciera que en la mitad del camino tropezara y cayera Rocinante, lo pasara mal el atrevido mercader. Cayó Rocinante y también su amo y queriéndose levantar, jamás pudo porque se lo impedían las armas. Y mientras luchaba por levantarse y no podía, estaba diciendo :

–No huyáis, mala gente, que no por culpa mía, sino por la de mi caballo, estoy aquí caído.

Un mozo de los que allí venían se acercó a él, cogió la lanza, la hizo pedazos, y con uno de ellos empezó a darle muchos palos a don Quijote. Sus amos le daban

tuerto, que le falta la vista en un ojo.
arremeter, acometer, atacar, dirigirse con fuerza y cólera contra una cosa o contra una persona.

voces que no le diese tanto y que le dejase, pero él siguió dándole.

Cansóse el mozo, y los mercaderes siguieron su camino, llevando qué contar en todo él del pobre don Quijote; el cual, cuando se vio solo, probó otra vez a levantarse, pero no pudo.

Preguntas

1. ¿Qué hizo don Quijote cuando salió de la venta?

2. ¿A quién pensaba recibir como escudero?

3. ¿Con quién se encontró don Quijote?

4. ¿Qué les ordenó don Quijote a los mercaderes?

5. ¿Qué le respondió uno de ellos?

6. ¿Por qué se enfadó don Quijote?

7. ¿Qué le hizo el mozo a don Quijote?

DON QUIJOTE ES LLEVADO A SU ALDEA

Viendo pues que no podía moverse, decidió acudir a su ordinario remedio, que era pensar en algún suceso de los que había leído en sus libros, y su locura le trajo a la memoria aquel de *Valdovinos*, cuando *Carloto* le dejó herido en la montaña; y así, con señales de gran sentimiento, comenzó a decir con debilitado aliento lo mismo que el herido caballero del bosque:

> ¿Dónde estás, señora mía,
> que no te duele mi mal?
> O no lo sabes, señora,
> o eres falsa y *desleal*.

Y de esta manera fue siguiendo el romance, hasta aquellos versos que dicen:

> ¡Oh noble *Marqués* de Mantua,
> mi tío y señor ...

Valdovinos, personaje del romancero, colección de romances, composiciones poéticas en las que se cuenta un suceso.
Carloto, personaje del romancero.
desleal, no leal, no fiel.
marqués, título de nobleza.

Y quiso la suerte que, cuando llegó a este verso, pasara por allí un labrador de su mismo lugar y vecino suyo, que venía de llevar trigo al molino; el cual, viendo a aquel hombre allí caído, se llegó a él y le preguntó quién era y qué mal sentía, que de manera tan triste se quejaba. Don Quijote creyó, sin duda, que aquél era el Marqués de Mantua, su tío, y siguió con el romance, contando su desgracia de la misma manera que el romance lo canta.

El labrador estaba admirado oyendo aquellas locuras y, cuando le limpió el rostro, que tenía cubierto de polvo y lo conoció, le dijo:

– Señor Quijano – que así se debía llamar cuando él tenía juicio y no había pasado de hidalgo a caballero andante – ¿quién ha puesto a vuestra merced de esta manera?

Pero don Quijote seguía con su romance. Viendo esto el buen hombre, le miró por ver si tenía alguna herida, y procuró levantarle del suelo, y con no poco trabajo le subió sobre su *jumento*, por parecerle caballería más sosegada. Recogió las armas, las puso sobre Rocinante y se puso en camino hacia su pueblo, pensativo al oír los disparates que don Quijote decía; y no menos pensativo iba don Quijote, que no se podía tener sobre el burro, y daba unos suspiros tan grandes, que obligaron al labrador a preguntarle cómo se sentía.

Llegaron al lugar, a la hora que anochecía; pero el labrador aguardó a que fuese algo más de noche, para que no viesen al hidalgo tan mal caballero. Llegada, pues, la hora que le pareció, entró en el pueblo, y se dirigió a casa de don Quijote; en ella estaban el cura y el barbero del lugar, que eran grandes amigos de don

---

jumento, asno, burro.

Quijote, a los cuales les estaba diciendo el ama a grandes voces:

– ¿Qué le parece a vuestra merced, señor *licenciado* Pedro Pérez – que así se llamaba el cura –, de la desgracia de mi señor? Tres días hace que no aparecen él, ni el rocín, ni la adarga, ni la lanza, ni las armas. Estos malditos libros de caballerías que él tiene y suele leer tan de ordinario, le han vuelto el juicio; que ahora recuerdo haberle oído muchas veces, hablando solo, que quería hacerse caballero andante e irse a buscar aventuras por el mundo. Malditos sean tales libros, que han echado a perder el más delicado entendimiento que había en toda la Mancha.

Todo esto lo estaba oyendo el labrador, y con ello acabó de entender la enfermedad de su vecino don Quijote. El labrador comenzó a dar voces, diciendo que le abrieran. A sus voces salieron todos, y como conocieron los unos a su amigo, las otras a su amo y tío, que aún no se había bajado del jumento, porque no podía, corrieron a abrazarle. Él dijo:

– Deténganse todos, que vengo mal herido por culpa de mi caballo. Llévenme a mi lecho y llámese, si fuese posible, a la sabia *Urganda*, para que cure mis heridas.

Lleváronle luego a la cama, y no le hallaron ninguna herida.

Hiciéronle a don Quijote mil preguntas, y a ninguna quiso responder otra cosa sino que le diesen de comer y le dejasen dormir, que era lo que más le importaba. Hízose así y el cura preguntó al labrador el modo en que había hallado a don Quijote. Él se lo contó todo,

---

licenciado, en los tiempos antiguos, el que vestía con ropas largas y que había obtenido el título para poder enseñar algo; en este último sentido se usa también hoy; se llamaba así al cura.

Urganda, protectora de Amadís de Gaula.

con los disparates que al encontrarle y al traerle había dicho, lo cual puso más deseo en el cura de hacer lo que al día siguiente hizo, que fue llamar a su amigo el barbero, *maese* Nicolás, con el cual se fue a casa de don Quijote cuando éste todavía estaba durmiendo.

---

maese, forma antigua, maestro.

Preguntas

1. ¿Qué hizo don Quijote cuando vio que no podía moverse?

2. ¿Quién pasó por donde estaba don Quijote?

3. ¿Qué hizo el labrador cuando llegó al pueblo?

4. ¿Qué le decía el ama de don Quijote al cura?

5. ¿Qué dijo don Quijote cuando llegó a su casa?

DE LO QUE EL CURA Y EL BARBERO
HICIERON CON LOS LIBROS DE DON QUIJOTE

El cura pidió a la sobrina las llaves del *aposento* donde estaban los libros autores del daño, y ella se las dio de muy buena gana; entraron todos dentro, y el ama con ellos, y encontraron más de cien libros grandes y otros pequeños.

El cura mandó al barbero que le fuese dando aquellos libros uno a uno, para ver de qué trataban, pues podía ser que hallaran alguno que no mereciese el castigo del fuego.

No – dijo la sobrina –, no hay que perdonar a ninguno; mejor será arrojarlos por la ventana al patio y quemarlos.

Lo mismo dijo el ama, pero el cura no quiso hacerlo sin primero leer siquiera los títulos. Y el primero que maese Nicolás le dio fue el de Amadís de Gaula, y el cura dijo:

– Este libro fue el primero de caballerías que se imprimió en España, y todos los demás han tomado principio y origen de éste; y así me parece que le debemos condenar al fuego.

– No, señor – dijo el barbero –, porque es el mejor de todos los libros que de este género se han escrito; y así, como a único en su arte, se debe perdonar.

– Por esta razón – dijo el cura – se le concede la vida por ahora. Veámos ese otro que está junto a él.

Después de ver otros cuantos, sin querer cansarse más el cura en leer libros de caballerías, mandó al ama que tomase todos los grandes y los echase al corral. El ama,

---

aposento, habitación, cuarto.

tomando casi ocho de una vez, los arrojó por la ventana. Por tomar muchos juntos, se le cayó uno a los pies del barbero, que quiso saber de quién era, y vio que decía: «Historia del famoso caballero *Tirante el Blanco*».

¡Válgame Dios! – dijo el cura, dando una gran voz –. Dádmelo acá, vecino, que he hallado en él un tesoro. Por su estilo, éste es el mejor libro del mundo: aquí comen los caballeros, duermen y mueren en sus camas, con otras cosas de que todos los demás libros de este género carecen.

– ¿Y qué haremos – dijo el barbero – de estos pequeños libros que quedan?

– Estos – dijo el cura – no deben de ser de caballerías, sino de poesía. Estos no merecen ser quemados, como los demás, porque no hacen ni harán el daño que los de caballerías han hecho.

– ¡Ay, señor! – dijo la sobrina. Bien los puede vuestra merced mandar quemar como a los demás; porque quizá habiendo sanado mi señor tío de la enfermedad caballeresca, leyendo éstos, se le ocurriese hacerse pastor y andar por los bosques cantando, y, lo que sería peor, hacerse poeta, que, según dicen, es enfermedad que no se cura.

– Verdad dice esta doncella – dijo el cura –.

Estando en esto, comenzó a dar voces don Quijote diciendo:

– Aquí, aquí, valientes caballeros; aquí es necesario mostrar la fuerza de vuestros brazos.

Por acudir a estas voces, no siguieron adelante con el examen de los libros que quedaban.

Cuando llegaron a donde don Quijote estaba, ya él es-

Tirante el Blanco, ver página 112.
¡Válgame Dios!, valer, ayudar, frase exclamativa que se emplea para mostrar asombro.

taba levantado de la cama, y seguía dando voces. Le volvieron por fuerza al lecho; diéronle de comer, y quedóse otra vez dormido, y ellos, admirados de su locura.

Aquella noche quemó el ama cuantos libros había en el corral y en toda la casa.

Uno de los remedios que el cura y el barbero dieron, por entonces, para el mal de su amigo, fue que le *tapiasen* el aposento de los libros, para que cuando se levantase no los encontrara; y así fue hecho con mucha prisa. Dos días después se levantó don Quijote, y lo primero que hizo fue ir a ver a sus libros; y como no encontrara el aposento donde lo había dejado, andaba de una a otra parte buscándolo. Llegaba a donde estaba la puerta antes, tocaba la pared con las manos y miraba a todas partes sin decir una sola palabra. Al cabo de un rato, le preguntó

---

tapiar, cerrar la puerta con una pared hecha con tierra (tapia).

a su ama hacia qué parte estaba el aposento de los libros. El ama, que ya estaba advertida de lo que había de responder, le dijo:

– ¿Qué aposento busca vuestra merced? Ya no hay aposento ni libros en esta casa, porque todo se lo llevó el mismo diablo.

– No era el diablo – replicó la sobrina –, sino un encantador que vino sobre una nube, después del día que vuestra merced de aquí se fue. Entró en el aposento, y no sé qué hizo dentro. Al rato salió volando y la casa quedó llena de humo. Cuando fuimos a mirar lo que había hecho no vimos libros ni aposento; sólo nos acordamos muy bien que, aquel mal viejo, dijo en altas voces cuando salía que, por *enemistad* secreta que tenía al dueño de aquellos libros y aposento, dejaba hecho en aquella casa el daño que después se vería. Dijo también que se llamaba el sabio Muñatón.

– *Frestón* diría – dijo don Quijote.

– No sé – respondió el ama – si se llamaba Frestón o Fritón; sólo sé que acabó en 'tón' su nombre.

– Así es – dijo don Quijote –; éste es un sabio encantador, gran enemigo mío, que me tiene *ojeriza* porque sabe que he de luchar con un caballero a quien él favorece y que le he de vencer sin que él lo pueda evitar.

El ama y la sobrina no quisieron replicarle más, y le dejaron solo.

---

enemistad, no amistad.
Frestón, ver página 112.
ojeriza, mala voluntad contra alguien.

Preguntas

1. ¿Qué hicieron el cura y el barbero con los libros de don Quijote?

2. ¿Cuál fue el libro que el barbero le dio al cura?

3. ¿Cuál libro pareció el mejor al cura y por qué?

4. ¿Qué remedio dieron el cura y el barbero para el mal de don Quijote?

5. ¿Cómo le hicieron creer a don Quijote que el encantador se había llevado los libros?

6. ¿Qué motivos tenía Frestón, según don Quijote, para hacer lo que hizo?

DE LA SEGUNDA SALIDA DE
DON QUIJOTE Y DE LA AVENTURA
DE LOS MOLINOS DE VIENTO

Quince días estuvo don Quijote en casa muy sosegado. Sin embargo, en este tiempo solicitó a un labrador vecino suyo, hombre de bien, pero poco inteligente, que le sirviese de escudero. Tanto le dijo, tanto le prometió, que el pobre determinó seguirle.

Decíale, entre otras cosas, don Quijote que se dispusiese a ir con él de buena gana, porque tal vez le podía suceder alguna aventura en que ganase alguna ínsula y le dejase a él por gobernador de ella. Con estas promesas y otras tales, Sancho Panza, que así se llamaba el labrador, dejó a su mujer y a sus hijos y se fue como escudero de su vecino.

Dio luego don Quijote orden de buscar dineros. Vendiendo una cosa, empeñando otra y malvendiéndolas todas, reunió una razonable cantidad. Avisó a su escudero Sancho del día y la hora que pensaba ponerse en camino, para que él se buscase lo que le fuera más necesario; sobre todo le encargó que llevase *alforjas*. Él dijo que las llevaría, y que también pensaba llevar un asno que tenía muy bueno, porque él no estaba acostumbrado a andar mucho a pie. Don Quijote *se proveyó de* camisas y de las demás cosas que él pudo, conforme al consejo que el ventero

alforjas

---

proveerse de, juntar las cosas necesarias para algo.

le había dado; todo lo cual hecho y cumplido, sin despedirse Panza de sus hijos y mujer, ni don Quijote de su ama y sobrina, una noche se salieron del lugar sin que persona los viese; en la cual caminaron tanto, que al amanecer estuvieron seguros de que no los hallarían aunque los buscasen.

Iba Sancho Panza sobre su asno con sus alforjas y su *bota*, con mucho deseo de verse gobernador de la ínsula que su amo le había prometido. Acertó don Quijote a tomar el mismo camino que había tomado en su primer viaje, por el *campo de Montiel*, y caminaba con menos pena que la vez pasada porque, por ser la hora de la mañana, los rayos del sol no le fatigaban. Dijo *en esto* Sancho a su amo:

bota

– Mire vuestra merced, señor caballero andante, que no se le olvide lo que me tiene prometido de la ínsula; que yo la sabré gobernar, aunque sea grande.

A lo cual respondió don Quijote:

– Has de saber, amigo Sancho Panza, que fue costumbre muy usada de los caballeros andantes antiguos hacer gobernadores a sus escuderos de las ínsulas o reinos que ganaban, y yo tengo determinado de que por mí no falte tan agradecida costumbre; antes pienso llevar ventaja en ella: porque ellos, algunas veces, esperaban a que sus escuderos fuesen viejos para darles algún título de conde

---

Campo de Montiel, ver mapa de la Mancha.
en esto, entonces, en aquel momento.

de algún valle; pero, si tú vives y yo vivo, bien podría ser que antes de seis días ganase yo tal reino, que tuviese otros a él unidos, para coronarte rey de uno de ellos.

– De esa manera – respondió Sancho Panza –, si yo fuese rey por algún milagro de los que vuestra merced dice, Teresa, mi mujer, sería reina y mis hijos, *infantes*.

– Pues, ¿quién lo duda? – respondió don Quijote.

– Yo lo dudo – replicó Sancho –, porque pienso que, aunque lloviese Dios reinos sobre la tierra, ninguno asentaría bien sobre la cabeza de Teresa Cascajo. Sepa, señor, que no vale para reina.

– *Encomienda* tú este asunto a Dios, Sancho – respondió don Quijote –, que Él dará lo que más le convenga.

En esto, descubrieron treinta o cuarenta molinos de viento que hay en aquel campo, y así como don Quijote los vio, dijo a su escudero:

---

infante, el hijo del rey, nacido después del príncipe, o de la princesa.
encomendar, encargar a alguien que haga alguna cosa o que cuide de ella o de alguna persona.

– La suerte va guiando nuestras cosas mejor de lo que acertáramos a desear; porque ves allí, amigo Sancho Panza, donde se descubren treinta, o pocos más, gigantes, con quienes pienso hacer batalla y quitarles a todos las vidas, con cuyos *despojos* comenzarémos a ser ricos; que ésta es buena guerra, y es gran servicio de Dios quitar tan mala gente de sobre la tierra.

– ¿Qué gigantes? – dijo Sancho Panza.

– Aquellos que ves allí – respondió su amo – de los brazos largos, que los suelen tener algunos de casi dos *leguas*.

– Mire vuestra merced – respondió Sancho – que aquellos no son gigantes, sino molinos de viento, y lo que en ellos parecen brazos son las *aspas*, que movidas por el viento, hacen andar la piedra del molino.

– Bien parece   respondió don Quijote – que no estás ejercitado en esto de las aventuras: ellos son gigantes; y si tienes miedo, quítate de ahí, y ponte en oración mientras yo voy a entrar con ellos en terrible y desigual batalla.

Y diciendo esto, *dió de espuelas* a su caballo Rocinante,

aspa

---

despojos, lo que el vencedor quita al vencido. De *despojar*, quitarle a alguien una cosa que desea tener.
legua, medida (=5,5 km).
dar de espuelas, picar con las espuelas al caballo para que corra.

sin atender a las voces que su escudero Sancho le daba,
advirtiéndole que, sin duda alguna, eran molinos de viento,
y no gigantes, aquellos que iba a acometer. Pero él iba
tan convencido de que eran gigantes que ni oía las voces
de su escudero Sancho, ni veía, aunque estaba ya bien
cerca, lo que eran; antes iba diciendo a grandes voces:

– No huyáis, *cobardes* y *viles* criaturas; que un solo caballero es el que os acomete.

Levantóse en esto un poco de viento, y las grandes aspas
comenzaron a moverse; visto lo cual por don Quijote,
dijo:

---

cobarde, que no es valiente.
vil, indigno, no digno.

– Pues aunque mováis más brazos que los del gigante *Briareo*, me lo habéis de pagar.

Y diciendo esto, y encomendándose de todo corazón a su señora Dulcinea, pidiéndole que en tal aventura le *socorriese*, bien cubierto con su *rodela*, arremetió con la lanza a todo correr de Rocinante y se lanzó contra el primer mc lino que estaba delante, dándole una lanzada en el aspa. La volvió el viento con tanta fuerza que hizo la lanza pedazos, llevándose tras sí al caballo y al caballero, que fue rodando por el campo. Acudió Sancho Panza a socorrerle a todo el correr de su asno, y cuando llegó le halló que no se podía mover: tal fue el golpe que dio con él Rocinante.

– ¡Válgame Dios! – dijo Sancho. ¿No le dije a vuestra merced que mirase bien lo que hacía, que no eran sino molinos de viento, y no lo podía ignorar sino quien llevase otros tales en la cabeza?

– Calla, amigo Sancho respondió don Quijote –; que las cosas de la guerra, más que las otras, están sujetas a continua mudanza; cuanto más que yo pienso, y así es verdad, que aquel sabio Frestón que me robó el aposento y los libros, ha vuelto estos gigantes en molinos por quitarme la gloria de su vencimiento: tal es la enemistad que me tiene; mas, al fin, han de poder poco sus malas artes contra la bondad de mi espada.

– Dios lo haga, como puede – respondió Sancho Panza, ayudándole a levantarse y a subir sobre Rocinante.

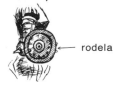 ← rodela

---

Briareo, ver página 112.
socorrer, ayudar.

Preguntas

1. ¿Qué le prometió don Quijote a Sancho?

2. ¿De qué cosas se proveyó don Quijote?

3. ¿Qué vieron en el campo?

4. ¿Cómo vio don Quijote a los molinos?

5. ¿Qué les dijo don Quijote a los molinos?

6. ¿Qué le sucedió a don Quijote en esta aventura?

7. Describir la aventura de los molinos.

8. ¿Qué le dijo Sancho a don Quijote?

9. ¿Qué le respondió don Quijote y por qué le respondió así?

LO QUE LE SUCEDIÓ A SANCHO
EN LA VENTA QUE DON QUIJOTE
PENSABA QUE ERA CASTILLO

Hablando de la pasada aventura don Quijote y Sancho se *pusieron en camino* hacia donde les pareció que podía estar el camino *real*. Y la suerte, que iba guiando bien sus cosas, les ofreció el camino, en el cual descubrieron una venta. Llegaron a ella, pero don Quijote decía que no era una venta sino un castillo. Allí pasaron la noche, y, al día siguiente, don Quijote quiso partir a buscar aventuras, pareciéndole que todo el tiempo que se quedase en la venta era quitárselo al mundo y a los necesitados del favor de su brazo. Con este deseo, él mismo ensilló a Rocinante y *enalbardó* el jumento de su escudero. Subió a su caballo, tomó la lanza y se dispuso a salir.

Le estaban mirando todos los que había en la venta, que eran más de veinte personas. Llamó entonces al ventero, y con voz tranquila le dijo:

– Muchos y grandes son los favores que en este vuestro castillo he recibido, y quedo muy obligado a agradecéroslos todos los días de mi vida. Si os los puedo pagar en vengaros de alguno que os haya hecho alguna ofensa, sabed que ese es mi oficio.

albarda

---

ponerse en camino, dirigirse hacia algún lugar.
real, principal.
enalbardar, poner la *albarda* al burro.

El ventero le respondió con el mismo sosiego:

– Señor caballero, yo no tengo necesidad de que vuestra merced me vengue de ninguna ofensa, porque yo sé tomar la venganza que me parece, cuando me la hacen. Sólo necesito que vuestra merced me pague el gasto que esta noche me ha hecho en la venta, así de la cena y camas como de lo que han comido el caballo y el asno.

– ¿Venta es ésta? – replicó don Quijote.

– Y muy honrada – respondió el ventero.

– Engañado he vivido hasta aquí – respondió don Quijote –; pensé que era castillo, y no malo; pero, pues es así que es venta y no castillo, lo que se podrá hacer por ahora es que perdonéis el pago. Yo no puedo dejar de cumplir lo que dice la orden de los caballeros andantes, de los cuales sé cierto que jamás pagaron comida ni otra cosa en venta donde estuvieron.

– Poco tengo yo que ver en eso – respondió el ventero –; págueme lo que me debe y deje de hablar de cosas de caballerías; que yo lo único que quiero es cobrar mi hacienda.

– *Vos* sois un mal ventero – respondió don Quijote –. Y salió de la venta sin que nadie le detuviese; y él, sin mirar si le seguía su escudero, se alejó.

El ventero, que vio que se iba y que no pagaba, fue a cobrar de Sancho Panza, el cual dijo que, pues su señor no había querido pagar, tampoco él pagaría.

Quiso la mala suerte de Sancho que entre los que estaban en la venta se hallasen gentes alegres y de buen humor, las cuales se acercaron a Sancho y le bajaron de su asno. Uno de ellos entró a buscar la manta de la cama del ventero y, echándole en ella, alzaron los ojos y vieron que el techo era más bajo de lo que necesitaban para su

---

vos, ver página 112.

obra; determinaron, pues, salirse al corral, que tenía por límite el cielo.

Allí, puesto Sancho en la mitad de la manta, comenzaron a lanzarle a lo alto y a divertirse con él. Las voces que daba el pobre Sancho fueron tantas, que llegaron a los oídos de su amo; el cual, deteniéndose a escuchar atentamente, creyó que alguna nueva aventura se le venía, hasta que conoció que el que gritaba era su escudero. Se volvió y llegó a la venta y, viéndola cerrada, dio una vuelta, por ver si hallaba lugar por dónde entrar; no lo halló, pero vio lo que hacían con su escudero. Le vio bajar y subir por el aire, con tanta gracia y tan rápido, que, si la cólera le dejara, pienso que se hubiera reído. Desde encima del caballo comenzó a decir tantas y tan terribles cosas a los que con Sancho se divertían, que no es posible escribirlas. Pero no por ello dejaban los otros de reírse, ni Sancho de quejarse, mezclando las quejas, ya con amenazas ya con súplicas; mas todo ello aprovechaba muy poco, y no le dejaron hasta que no estuvieron cansados. Le trajeron su asno y le subieron encima de él. Sancho salió de la venta muy contento de no haber pagado nada y de haber salido con su intención, aunque lo habían pagado, como siempre, sus espaldas. Verdad es que el ventero se quedó con sus alforjas, en pago de lo que se le debía.

Preguntas

1. ¿Por qué no quiere don Quijote pagarle al ventero?

2. ¿Qué contesta el ventero?

3. ¿Qué hacen con Sancho?

4. ¿Por qué lo hacen?

BATALLA DON QUIJOTE CONTRA
UN *REBAÑO* DE OVEJAS

Llegó Sancho a donde estaba su amo y llegó triste. Cuando así le vio don Quijote, le dijo:

— Creo, Sancho bueno, que aquel castillo o venta es un castillo *encantado*, sin duda; porque aquellos que tan cruelmente te trataron ¿qué podían ser sino gentes del otro mundo? Y creo esto por haber visto que cuando estaba mirando, no me fue posible bajarme de Rocinante, porque me debían de tener encantado; que te juro, por la fe de quien soy, que si pudiera subir a la tapia del corral o bajarme de Rocinante, se acordaran de la burla para siempre.

— También me vengara yo si pudiera, pero no pude; aunque creo que aquellos que se divirtieron conmigo no eran hombres encantados, como vuestra merced dice, sino hombres de carne y hueso como nosotros; y todos, según los oí nombrar cuando me daban vueltas, tenían sus nombres: que el uno se llamaba Pedro Martínez, y el otro Tenorio Hernández, y el ventero oí que se llamaba Juan Palomeque el Zurdo. Así que, señor, el no poder bajarse del caballo en otra cosa estuvo que en encantamientos. Y lo que yo *saco en limpio* de todo esto es que estas aventuras que andamos buscando al final nos han de traer muchas desgracias.

---

rebaño, grupo de animales, en general de raza lanar, que se crían y viven juntos.
encantado, el que ha sufrido la acción y efectos de encantar.
sacar en limpio, ver, comprender.

– ¡Qué poco sabes, Sancho – respondió don Quijote –, de cosas de caballerías!

En esta conversación iban, cuando vio don Quijote que por el camino venía hacia ellos una gran *polvareda;* y al verla se volvió a Sancho y le dijo:

– Este es el día, ¡oh Sancho!, en el cual se ha de ver el bien que me tiene guardado mi suerte; este es el día en que se ha de mostrar el valor de mi brazo, y en el que tengo que hacer obras que quedarán escritas en el libro de la fama. ¿Ves aquella polvareda que allí se levanta, Sancho? Pues toda ella está poblada de un grandísimo ejército de diversas e *innumerables* gentes.

– Según eso, dos deben de ser – dijo Sancho –; porque de esta parte contraria se levanta también otra polvareda semejante.

Volvió a mirarlo don Quijote, y vio que así era la verdad. Alegrándose, pensó, sin duda alguna, que eran dos ejércitos que venían a encontrarse en mitad de aquella llanura. La polvareda que habían visto la levantaban dos grandes rebaños de ovejas y carneros, que por aquel mismo camino venían de dos diferentes partes, los cuales, con el polvo, no se vieron hasta que estuvieron cerca. Con tanto empeño afirmaba don Quijote que eran ejércitos, que Sancho llegó a creerlo y a decirle.

– Señor, ¿pues qué hemos de hacer nosotros?

– ¿Qué? – dijo don Quijote –. Ayudar a los necesitados. Y has de saber, Sancho, que este ejército que viene de frente lo conduce y guía el gran Alifanfarón, señor de la gran isla *Trapobana;* y este otro que a mis espaldas marcha

---

polvareda, mucha cantidad de polvo levantado por el viento o por otra cosa.

innumerables, que no se pueden contar.

Trapobana, nombre que se dio antiguamente a la isla de Ceilán.

es el de su enemigo el rey Pentapolín del *Arremangado* Brazo, así llamado porque siempre entra en las batallas con el brazo derecho desnudo.

– ¿Pues por qué se quieren tan mal esos dos señores? –, preguntó Sancho.

– Se quieren mal – respondió don Quijote – porque este Alifanfarón es un *pagano* y está enamorado de la hija de Pentapolín, que es una señora muy hermosa, y es cristiana; su padre no se la quiere entregar al rey pagano si no se hace cristiano.

– Hace muy bien Pentapolín – dijo Sancho –. ¡Yo le ayudaré en todo lo que pudiere!

– En eso harás lo que debes, Sancho – dijo don Quijote –; porque para entrar en batallas semejantes no se necesita ser armado caballero.

– Bien entiendo eso – respondió Sancho –; pero ¿dónde pondremos este asno para que estemos seguros de hallarle después de pasada la batalla?

– Lo que puedes hacer con él – dijo don Quijote – es dejarle a su suerte, se pierda o no, porque serán tantos los caballos que tendremos después, que aun corre peligro Rocinante de que lo cambie por otro. Pero está atento y mira; que te quiero decir quiénes son los caballeros más importantes que en estos dos ejércitos vienen.

– Señor – dijo Sancho –, yo no los veo; quizá todo debe ser encantamiento.

– ¿Cómo dices eso? – respondió don Quijote –. ¿No oyes el *relinchar* de los caballos y el ruido de los *tambores?*

Arremangado, de *arremangar*, recoger, doblándolas hacia arriba, las mangas.
pagano, que no es cristiano.
relinchar, hacer oir el caballo su voz propia, relincho.

tambor

– No oigo otra cosa – respondió Sancho – sino muchos *balidos* de ovejas y carneros.

Y así era en verdad, porque ya llegaban cerca los dos rebaños.

– El miedo que tienes – dijo don Quijote – te hace, Sancho, que ni veas ni oigas bien. Retírate a una parte y déjame solo; yo solo basto para dar la *victoria* a la parte a quien yo dé mi ayuda.

Diciendo esto, espoleó a Rocinante y corrió como un rayo.

Sancho le daba voces, diciéndole:

– Vuélvase vuestra merced, señor don Quijote; que son carneros y ovejas los que va a atacar. ¿Qué locura es ésa? ¿Qué es lo que hace?

Don Quijote en altas voces iba diciendo:

–Ea, caballeros, los que seguís las banderas del valeroso Pentapolín del Arremangado Brazo, seguidme todos: veréis qué facilmente le doy el triunfo sobre su enemigo Alifanfarón.

Diciendo esto, se entró por medio del ejército de las ovejas y comenzó a *alancearlas* con tanto valor, como si de verdad alanceara a su peor enemigo. Los pastores que venían con el rebaño le daban voces que no hiciese

---

balido, voz propia de las ovejas y carneros.
victoria, acto y consecuencia de vencer.
alancear, dar golpes con la lanza, lanzadas; atacar con la lanza.

¿

aquello; pero viendo que no les hacía caso, comenzaron a tirarle piedras.

Don Quijote no hacía caso de las piedras sino que, corriendo a todas partes, decía:

– ¿Adónde estás, Alifanfarón? Vente a mí; que un caballero solo soy, que desea probar tus fuerzas y quitarte la vida en castigo de la mala vida que das al generoso Pentapolín.

Llegó en esto una piedra y le dio en un lado. Tan fuerte fue el golpe, que nuestro pobre caballero cayó del caballo. Se llegaron a él los pastores y creyeron que lo habían matado; y así, con mucha prisa recogieron sus rebaños, cargaron los animales muertos, que pasaban de siete, y se fueron.

Todo este tiempo había estado Sancho mirando las locuras que hacía su amo, y maldecía el día y la hora en que le había conocido. Viéndole caído en el suelo, y que ya los pastores se habían ido, se llegó a él. Le encontró muy mal aunque no había perdido el sentido y le dijo:

– ¿No le decía yo, señor don Quijote, que volviese, que los que iba a acometer no eran ejércitos, sino rebaños de corderos?

– Has de saber, Sancho, que aquel sabio, enemigo mío, que me persigue, envidioso de la gloria que vio que yo había de alcanzar de esta batalla, ha vuelto los ejércitos enemigos en rebaños de ovejas. Si no, haz una cosa, Sancho, para que veas que es verdad lo que te digo: sube en tu asno y síguelos; verás como, en cuanto se hayan alejado un poco de este lugar, se vuelven en su ser primero, y, dejando de ser ovejas y carneros, son hombres, tal como yo los vi antes. Pero no vayas ahora, que necesito tu ayuda; llégate a mí y mira cuántas *muelas* y dientes me faltan; que me parece que no me ha quedado ninguno en la boca.

Metió Sancho los dedos en la boca de don Quijote y le preguntó:

– ¿Cuántas muelas solía tener vuestra merced en este lado?

– Cuatro – respondió don Quijote –, todas enteras y muy sanas.

– Mire vuestra merced bien lo que dice, señor – respondió Sancho.

– Digo cuatro, si no eran cinco – respondió don Quijote –; porque en toda mi vida no me han sacado diente ni muela de la boca.

– Pues en esta parte de abajo – dijo Sancho – no tiene vuestra merced más de dos muelas y media; y en la de arriba, ni media, ni ninguna.

– ¡Desgraciado de mí! – dijo don Quijote, oyendo las tristes noticias que su escudero le daba –; que más quisiera

 muela

que me hubiesen derribado un brazo, *como no* fuera el de la espada. Porque te hago saber, Sancho, que la boca sin muelas es como molino sin piedra, y mucho más se ha de estimar un diente que un *diamante*. Pero a todo esto estamos sujetos los caballeros andantes. Sube, amigo, y guía que yo te seguiré al paso que quisieres.

Sancho lo hizo así, y guió a su asno hacia donde le pareció que podrían encontrar una venta sin salir del camino real.

diamante

Preguntas

1. ¿Por qué – según don Quijote – no pudo él socorrer a su escudero?

2. ¿Qué le respondió éste?

3. Describir la aventura de los dos ejércitos.

4. ¿Cuál fue el resultado de esta aventura?

5. ¿Por qué – según don Quijote – eran enemigos los ejércitos?

---

como no, si no.

AVENTURA DEL CUERPO MUERTO

Andando, pues, poco a poco, porque el dolor de las muelas de don Quijote no les permitía ir más *deprisa*, iban hablando don Quijote y Sancho.

Mientras iban hablando, llegó la noche y se hallaron en mitad del camino, sin encontrar una venta donde pasar la noche; y lo peor era que tenían hambre pues todo lo de comer se había quedado en las alforjas. Además de esta desgracia, les sucedió una aventura, que de verdad lo parecía. La noche llegó con alguna obscuridad; pero caminaban, creyendo Sancho que, pues aquel camino era el real, a una o a dos leguas, hallaría en él alguna venta donde poder comer y dormir.

Yendo, pues, de esta manera, el escudero muerto de hambre y el amo con gana de comer, vieron que por el mismo camino por el que iban venían hacia ellos gran número de luces, que no parecían sino estrellas que se movían. Se admiró Sancho al verlas, y don Quijote también; detuvieron uno a Rocinante y el otro al asno, y estuvieron quietos, mirando atentos lo que podía ser aquello. Vieron que las luces se iban acercando a ellos, y cuanto más se acercaban, mayores parecían; a cuya vista, Sancho comenzó a temblar, y aun don Quijote sintió algo de miedo, pero, animándose un poco, dijo:

— Esta, sin duda, Sancho, debe de ser grande y muy peligrosa aventura, donde será necesario que yo muestre todo mi valor.

---

deprisa, de prisa, rápido.
yendo, gerundio de 'ir'.

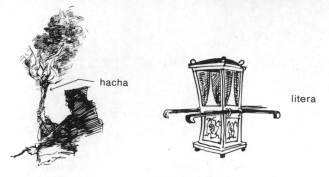

hacha

litera

Se apartaron los dos a un lado del camino, y miraron con mucha atención lo que aquello de aquellas luces que caminaban podía ser. Al poco rato, descubrieron unos hombres *encamisados*, cuya temerosa vista acabó con el ánimo de Sancho Panza, que comenzó a dar diente con diente, como quien tiene frío; y creció más el miedo cuando vieron, detrás de los encamisados a caballo y con *hachas* encendidas en las manos, una *litera* cubierta de *luto* a la cual seguían otros seis hombres de a caballo, también de luto hasta los pies de las mulas; que bien vieron que no eran caballos en la calma con que andaban. Los encamisados iban hablando entre sí en voz baja. Esto a tales horas y en tal lugar, hubiera bastado para poner miedo en el corazón de Sancho, y aun en el de su amo, si en aquel momento no se le representara en su imaginación que aquélla era una de las aventuras de sus libros.

Se le figuró que en la litera debía de ir algún mal herido o muerto caballero, cuya venganza a él solo estaba reservada y así, se puso bien en la silla y se puso en mitad del camino por donde los encamisados tenían que pasar por fuerza. Cuando los vio cerca, alzó la voz y dijo:

---

encamisado, cubierto desde la cabeza a los pies con una ropa larga.

luto, signos exteriores de pena en las ropas y en los objetos por la muerte de alguien. Hoy el color del luto es negro, en los países de Europa.

– Deteneos, caballeros, y decidme quién sois, de dónde venís, a dónde vais y qué es lo que lleváis en aquella litera. Que, según las señales que veo, vosotros habéis hecho o a vosotros os han hecho alguna ofensa, y conviene y es necesario que yo lo sepa, para castigaros por el mal que hicisteis o para vengaros de la ofensa que os hicieron.

– Vamos deprisa – respondió uno de los encamisados –, está la venta lejos y no nos podemos detener a dar tanta cuenta como vuestra merced pide. Y, habiendo dicho esto, pasó adelante. Don Quijote dijo:

– Deteneos y dadme cuenta de lo que he preguntado; si no, tendréis que luchar conmigo.

La mula se asustó de manera que, alzándose de las *patas* de adelante, tiró a su dueño al suelo. Un mozo que iba a pie, viendo caer al encamisado, comenzó a *insultar* a don Quijote, el cual, sin esperar más, arremetió a uno de los enlutados, lo hirió, y lo tiró al suelo, y empezó a atacar a los demás con tanta rapidez, que parecía que en aquel

---

pata, pierna de los animales.
insultar, dirigir a alguien palabras que le ofenden.

momento le habían nacido alas a Rocinante, según andaba de ligero y contento.

Todos los encamisados eran gente de paz y no llevaban armas, y así en un momento dejaron la batalla y comenzaron a correr por aquel campo con las hachas encendidas. Los enlutados con sus ropas largas no se podían mover, así que don Quijote los *apaleó* a todos y les hizo abandonar el sitio, con lo cual todos pensaron que aquel no era hombre, sino diablo que les salía a quitar el cuerpo muerto que llevaban en la litera.

Todo esto lo miraba Sancho, admirado del valor de su señor, y decía para sí: «Sin duda, este mi amo es tan valiente como él dice».

Estaba un hacha ardiendo en el suelo, junto al primero que derribó don Quijote de la mula, y a la luz del hacha don Quijote pudo verle. Se acercó a él, y poniéndole la punta de la lanza en el rostro, le dijo que *se rindiese*, y que, si no lo hacía, le mataría. A lo cual respondió el caído:

– Bastante rendido estoy, pues no me puedo mover, porque tengo una pierna rota. Suplico a vuestra merced, si es caballero cristiano, que no me mate, que cometerá un gran *sacrilegio*, ya que soy licenciado y he recibido las primeras órdenes.

– ¿Pues quién diablos os ha traído aquí – dijo don Quijote –, siendo hombre de iglesia?

– ¿Quién, señor? – replicó el caído –. Mi desgracia.

– Pues otra mayor os amenaza – dijo don Quijote –, si no me respondéis a todo cuanto os pregunté antes.

---

apalear, dar golpes con un palo o cosa semejante.
se rindiese de rendirse.
sacrilegio, falta grave de respeto contra una cosa o una persona que tiene relación con Dios o con la religión.

– Con facilidad será vuestra merced satisfecho – respondió el licenciado –; y así, sabrá vuestra merced que me llamo Alonso López, vengo de la ciudad de *Baeza* con otros once sacerdotes, que son los que huyeron, y vamos a *Segovia*, acompañando a un cuerpo muerto, que va en aquella litera y que es de un caballero que murió en Baeza, y ahora, como digo, llevamos sus huesos a Segovia, de donde es natural.

– ¿Y quién le mató? – preguntó don Quijote.

– Dios, por medio de una enfermedad – respondió Alonso Pérez.

– Siendo así – dijo don Quijote –, Dios me ha quitado el trabajo de tomar venganza de su muerte, si otro alguno le hubiera matado; pero habiéndole matado quien le mató, hay que callar, porque lo mismo haría si a mi mismo me matara. Y quiero que sepa vuestra merced que yo soy un caballero de la Mancha, llamado don Quijote, y mi oficio es andar por el mundo vengando ofensas y deshaciendo agravios.

– Suplico a vuestra merced – respondió el caído –, señor caballero andante, que me ayude a salir de debajo de esta mula, porque tengo una pierna rota.

– ¿Hasta cuándo esperábais a decirme lo que os pasaba?

Dio luego voces a Sancho, diciéndole que viniese; pero Sancho no vino, porque andaba ocupado cogiendo lo que llevaban en una mula que traían aquellos buenos señores y lo que llevaban eran cosas de comer. Acudió luego a las voces de su amo, y ayudó a sacar a Alonso Pérez de debajo de la mula, y, poniéndole encima de ella, le dio el hacha; don Quijote le dijo que siguiese a sus compañeros y les pidiese perdón de su parte. Sancho le dijo:

Baeza, Segovia, ver mapa.

– Si acaso quisieran saber esos señores quién ha sido el valiente caballero que les puso tal como están, dígale vuestra merced que ha sido el famoso don Quijote de la Mancha, que por otro nombre se llama el Caballero de la Triste Figura.

Con esto se fue Antonio López y don Quijote le preguntó a Sancho qué le había hecho llamarle el Caballero de la Triste Figura.

– Yo se lo diré – respondió Sancho –; porque le he estado mirando un rato a la luz de aquella hacha que llevaba aquel hombre, y verdaderamente tiene vuestra merced la peor figura que jamás he visto, y la causa debe ser el cansancio de esta batalla o la falta de las muelas y dientes.

– No es eso – respondió don Quijote –; sino que al sabio que está encargado de escribir la historia de mis *hazañas* le habrá parecido bien que yo tome algún nombre, como lo tomaban todos los caballeros de antes. Y así él te habrá puesto ahora en la lengua y en el pensamiento que me llamases el Caballero de la Triste Figura, como pienso llamarme desde hoy.

Quería don Quijote mirar si el cuerpo que iba en la litera eran huesos o no; pero Sancho no lo consintió, diciéndole:

– Señor, vuestra merced ha acabado esta peligrosa aventura mejor que ninguna de las que yo he visto. Esta gente, aunque vencida, podría ser que se diese cuenta de que los venció una sola persona, y que volviesen a buscarnos. La montaña está cerca, el hambre se hace sentir; no hay que hacer sino retirarnos.

Y cogiendo su asno rogó a su señor que le siguiese; el cual, viendo que Sancho tenía razón, le siguió sin replicar.

---

hazaña, acción para la que es necesario mucho valor.

Después de haber caminado un poco entre montañas, se hallaron en un valle escondido y tranquilo, donde se detuvieron y tendidos sobre la verde hierba, comieron, satisfaciendo sus estómagos.

Pero les sucedió otra desgracia, y Sancho pensó que era la peor de todas, y fue que no tenían vino que beber, ni aun agua.

Preguntas

1. ¿Qué vieron don Quijote y Sancho, que les causó miedo?

2. ¿Quiénes eran los personajes que encontraron?

3. ¿A dónde iban?

4. ¿Qué llevaban en la litera?

5. ¿Quién era A. López y qué le contó a don Quijote?

QUE TRATA DE LA AVENTURA DEL
YELMO DE MAMBRINO

Cuando acabaron de comer prosiguieron su camino. No habían andado mucho cuando descubrió don Quijote un hombre a caballo, que traía en la cabeza una cosa que *relumbraba* como si fuese de oro; y apenas le hubo visto, cuando se volvió a Sancho y le dijo:

– Sancho: «Donde una puerta se cierra, otra se abre». Te digo esto porque si anoche nos cerró la suerte la puerta de la que buscábamos, ahora nos abre otra para mejor y más cierta aventura, que si yo no acertare a entrar por ella, mía será la culpa. Digo esto porque, si no me engaño, hacia nosotros viene uno que trae en su cabeza puesto el yelmo de Mambrino.

– Mire vuestra merced bien lo que dice, y mejor lo que hace – respondió Sancho –, que yo creo que vuestra merced se engaña en lo que dice.

– ¿Cómo me puedo engañar en lo que digo? – dijo don Quijote. Dime ¿no ves aquel caballero que hacia nosotros viene, sobre un caballo, y que trae puesto en la cabeza un yelmo de oro?

– Lo que yo veo – respondió Sancho – no es sino un hombre sobre un asno, que trae sobre la cabeza una cosa que brilla.

yelmo

---

relumbrar, brillar mucho.
yelmo de Mambrino, yelmo encantado que llevaba el rey Mambrino.

bacía

– Pues ése es el yelmo de Mambrino – dijo don Quijote –. Apártate y déjame con él a solas; verás cómo sin hablar palabra concluyo esta aventura y queda por mío el yelmo.

Era, pues, el caso que el yelmo y el caballo y el caballero que don Quijote veía era esto: que en aquellos alrededores había dos aldeas, la una tan pequeña que no tenía *botica* ni barbero, y la otra, que estaba junto a ella, sí; y así, el barbero de la mayor servía a la menor, en la cual tuvo necesidad uno de *hacerse la barba*, para lo cual venía el barbero y traía una *bacía* de *azófar*; y quiso la suerte que, al tiempo que venía, comenzó a llover, y porque no se le manchase el sombrero, que debía de ser nuevo, se puso la bacía sobre la cabeza; y, como estaba limpia, desde media legua relumbraba. Venía sobre un asno, como Sancho dijo, aunque a don Quijote le pareciera caballo, y la bacía, yelmo de oro; que todas las cosas que veía las aplicaba con mucha facilidad a sus caballerías y pensamientos. Y cuando él vio que el pobre caballero llegaba cerca, sin hablar con él, a todo correr de Rocinante, arremetió con la lanza, llevando intención de pasarle de parte a parte; cuando ya llegaba cerca de él, sin detener la fuerza de su carrera, le dijo:

–Defiéndete, maldita criatura, o entrégame de tu voluntad lo que con tanta razón se me debe.

---

botica, lugar donde se hacen y se venden medicinas.
hacerse la barba, *afeitarse*, quitar, cortando, los pelos de la barba.
azófar, latón, metal.

celada

El barbero, que, tan sin pensarlo ni temerlo vio venir aquella figura sobre sí, no tuvo otro remedio para poder librarse del golpe de la lanza que dejarse caer del asno abajo. Apenas hubo tocado el suelo, cuando se levantó ligero y comenzó a correr por aquel campo, tan aprisa que no le alcanzara el mismo viento. Dejóse la bacía en el suelo, con la cual se contentó don Quijote. Mandó a Sancho que levantase el yelmo, el cual tomándolo en las manos dijo:

– Por Dios que la bacía es buena.

Y dándosela a su amo, éste se la puso en la cabeza y dijo:

– Sin duda que el pagano a cuya medida se hizo primero esta famosa *celada* debía tener una cabeza muy grande; y lo peor de ello es que le falta la mitad.

Cuando Sancho oyó llamar a la bacía celada, no pudo contener la risa; pero se calló, temiendo la ira de su amo.

– ¿De qué te ríes, Sancho? – dijo don Quijote.

– Me río – respondió él – de pensar en la gran cabeza que tenía el pagano dueño de este yelmo que se parece a una bacía de barbero.

– ¿Sabes qué imagino, Sancho? Que esta famosa pieza de este encantado yelmo, por alguna causa extraña debió de llegar a manos de quien no supo conocer ni estimar su valor y sin saber lo que hacía, viéndola de oro purísimo, debió de quitarle la mitad y de la otra mitad hizo esta que parece bacía de barbero, como tú dices.

– Eso será – dijo Sancho. Pero, dejando eso aparte, dígame vuestra merced qué haremos con el asno que dejó abandonado aquí el hombre que vuestra merced derribó?

– Yo no acostumbro a *despojar* a los vencidos, ni es uso de la caballería quitarles los caballos. Así que, Sancho, deja ese caballo o asno, o lo que tú quisieres que sea; que cuando su dueño nos vea lejos volverá a buscarlo.

Subieron a caballo y se pusieron a caminar por donde la voluntad de Rocinante quiso, que se llevaba tras sí la de su amo y aun la del asno, que siempre le seguía en buen amor y compañía. Con todo esto, volvieron al camino real y siguieron por él.

---

despojar, quitarle a alguien una cosa que desea tener.

Preguntas

1. ¿Qué fue lo que a don Quijote le pareció un yelmo y por qué?

2. ¿Qué le pareció a Sancho que llevaba el hombre sobre la cabeza?

3. ¿Por qué llevaba el hombre la bacía sobre la cabeza y quién era este hombre?

4. ¿Qué le dijo don Quijote al hombre?

5. ¿Qué hizo éste?

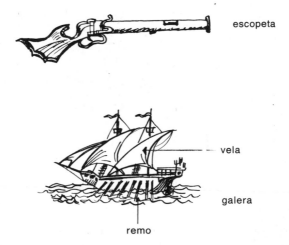

escopeta

vela

galera

remo

QUE TRATA DE LA LIBERTAD QUE DIO
DON QUIJOTE A MUCHOS DESGRACIADOS

Don Quijote alzó los ojos y vio que por el camino que llevaban venían hasta doce hombres a pie sujetos por los cuellos con una gran *cadena*, y todos con *esposas* en las manos. Venían con ellos dos hombres de a caballo y dos a pie; los de a caballo con *escopetas* y los demás con espadas.

Así como Sancho Panza los vio dijo:

– Esta es cadena de *galeotes*, gente forzada del Rey, que van a *galeras*.

– ¿Cómo gente forzada? – preguntó don Quijote –. ¿Es posible que el Rey haga fuerza a alguien?

– No digo eso – respondió Sancho –, sino que es gente que por sus culpas va a la fuerza condenada a servir al Rey en las galeras.

– En resolución – replicó don Quijote –, ¿esta gente, aunque los llevan, no van por su voluntad, van por la fuerza?

– Así es – dijo Sancho.

– Pues de esa manera – dijo su amo – aquí tengo que ejercer mi oficio: ayudar a los miserables.

– Advierta vuestra merced – dijo Sancho – que la justicia, que es el mismo Rey, no hace ofensa a semejante gente, sino que les castiga en pena de sus delitos.

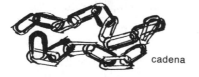
cadena

esposas

galeote, hombre castigado a cumplir su castigo en las *galeras*, barcos antiguos de vela y remo, que pertenecían al rey.

Llegó, en esto, la cadena de los galeotes, y don Quijote, con corteses razones, pidió a los que iban guardándolos que le informasen y dijesen la causa o causas por las que llevaban a aquella gente de aquella manera. Uno de los hombres de a caballo respondió que eran galeotes, gente del Rey, que iban a galeras, y que no había más que decir, ni él tenía más que saber.

– Con todo eso – replicó don Quijote –, querría saber de cada uno de ellos en particular la causa de su desgracia.

Añadió a éstas otras tales y tan amables razones para moverlos a que le dijesen lo que deseaba, que uno de los guardas de a caballo le dijo:

– Vuestra merced se llegue y se lo pregunte a ellos mismos, que ellos se lo dirán si quieren.

Con este permiso, que don Quijote se hubiera tomado si no se lo hubiesen dado, se llegó a la cadena, y les preguntó por qué pecados iban de tan mala manera.

Detrás de todos venía un hombre de muy buen *parecer* de edad de treinta años. Venía atado de una manera diferente a los demás, porque traía una cadena al pie, tan grande, que le rodeaba todo el cuerpo. Preguntó don Quijote cómo iba aquel hombre con tantas cadenas más que los otros. El guarda respondióle que tenía aquel solo más delitos que todos los otros juntos y que era tan atrevido que, aun llevándole de aquella manera, no iban seguros de él.

– ¿Qué delitos puede tener – dijo don Quijote –, si no ha merecido más pena que echarle a galeras?

– Va por diez años – replicó el guarda –, que es como muerte civil. No se quiera saber más sino que este buen

---

parecer, aspecto.

hombre es el famoso Ginés de Pasamonte, que por otro
nombre llaman Ginesillo de Parapilla.

– Señor guarda – dijo entonces el galeote –, váyase poco
a poco y no andemos ahora a explicar nombres y sobrenom-
bres. Ginés me llamo, y no Ginesillo, y Pasamonte es mi
apellido, y no Parapilla.

– Hable con menos tono – replicó el guarda –, señor

ladrón, si no quiere que le haga callar contra su voluntad.

– Algún día sabrá alguno – respondió el galeote – si me llamo Ginesillo de Parapilla, o no.

– Pues ¿no te llaman así? – replicó el guarda.

– Sí, me lo llaman – respondió Ginés –, mas yo haré que no me lo llamen. Señor caballero, si tiene algo que darnos, dénoslo y vaya con Dios; que ya cansa con tanto querer saber vidas ajenas; si la mía quiere saber, sepa que soy Ginés de Pasamonte, cuya vida está escrita por estos dedos.

– Dice verdad – dijo el guarda –, que él mismo ha escrito su historia y deja empeñado el libro en la cárcel por doscientos reales.

Don Quijote, volviéndose a todos los presos dijo:

– De todo cuanto me habéis dicho, hermanos, he sacado en limpio que, aunque os han castigado por vuestras culpas, las penas que vais a padecer no os dan mucho gusto, y que vais a ellas de muy mala gana y muy contra vuestra voluntad. Quiero, pues, rogar a estos señores que os guardan que sean servidos de desataros y dejaros ir en paz.

– ¡Bueno está lo que dice! – replicó el comisario –. Quiere que le dejemos los forzados del Rey, como si tuviéramos autoridad para soltarlos, o él la tuviera para mandárnoslo. Váyase vuestra merced, señor, por su camino.

Don Quijote arremetió contra él con tanta rapidez, que, sin darle tiempo para defenderse, lo tiró al suelo, mal herido de una lanzada; éste era el de la escopeta. Los demás guardianes quedaron asombrados del no esperado suceso; pero, volviendo en sí con rapidez, echaron mano a sus espadas y arremetieron contra don Quijote, que los esperaba con mucha calma, y sin duda lo hubiera pasado mal, si los galeotes, viendo la ocasión que se les ofrecía de alcanzar la libertad, no hubiesen procurado romper la cadena donde venían sujetos. Los guardianes, entre atender que no se escaparan los galeotes y acometer a don Quijote, no hicieron cosa que fuese de provecho. Ayudó Sancho a que se soltara Ginés de Pasamonte, el cual, arremetiendo contra el comisario caído, le quitó la espada y la escopeta e hizo que no quedara guardián alguno en todo el campo, porque todos fueron huyendo, así de la escopeta como de las muchas *pedradas* que los galeotes ya sueltos les tiraban.

Sancho se puso muy triste con este suceso, porque pensó que los que iban huyendo darían cuenta a la *Santa Hermandad*, la cual saldría a buscar a los galeotes, y así se lo dijo a su amo, y le rogó que se marchasen de allí enseguida.

– Bien está – dijo don Quijote –, pero yo sé lo que ahora conviene que se haga. Y llamando a todos los galeotes, les dijo:

– De gente bien nacida es propio agradecer los beneficios que reciben, y una de las cosas que más ofende a Dios es el no ser agradecido. Digo esto porque ya habéis visto, señores, el beneficio que de mí habéis recibido; en pago del cual querría, y es mi voluntad, que, cargados con esa cadena de la que os he librado, vayáis a la ciudad del Toboso, y que allí os presentéis delante de la señora Dulcinea del Toboso y le digáis que su caballero, el de la Triste Figura, es quien os ha dado la libertad. Hecho esto, os podréis ir donde queráis.

---

pedrada, golpe dado por una piedra lanzada contra alguien o contra algo.
Santa Hermandad, ver página 112.

Respondió por todos Ginés de Pasamonte, y dijo:

– Lo que vuestra merced nos manda, señor y libertador nuestro, es imposible cumplirlo, porque no podemos ir juntos por los caminos, sino solos y separados, para no ser hallados por la Santa Hermandad que, sin duda alguna, ha de salir en nuestra busca. Lo que vuestra merced puede hacer es cambiar ese servicio de la señora Dulcinea del Toboso por algún número de oraciones, que nosotros diremos por la intención de vuestra merced; y ésta es cosa que podemos cumplir de noche y de día, en paz o en guerra; pero pensar que hemos de volver ahora a tomar nuestra cadena y a ponernos en camino del Toboso, es pensar que ahora es de noche, cuando todavía no son las diez del día.

– Pues – dijo don Quijote ya puesto en cólera –, don Ginesillo de Paropillo, o como os llaméis, juro que habéis de ir vos solo cargado con toda la cadena.

Pasamonte, que ya estaba enterado de que don Quijote estaba loco, por la locura que había hecho dándoles la libertad, viéndose tratar de aquella manera, hizo señas a sus compañeros, y, apartándose, comenzaron a llover piedras sobre don Quijote. Sancho se puso detrás de su asno, y con él se defendía de la nube de piedras que sobre ambos llovía. No se pudo cubrir tan bien don Quijote, que no le diesen no sé cuántas piedras en el cuerpo con tanta fuerza, que le tiraron al suelo.

Después de esto, los galeotes se fueron cada uno por su lado y quedaron solos el asno y Rocinante, Sancho y don Quijote; el asno, con la cabeza baja y pensativo sacudiendo a veces las orejas, pensando que todavía no había acabado la lluvia de las piedras que le perseguía las orejas; Rocinante, tendido junto a su amo, pues también había ido al suelo de una pedrada; Sancho, temeroso de la Santa Hermandad. Don Quijote, triste por verse tan mal tratado

de los mismos a quienes había hecho tanto bien, dijo a su escudero:

— Siempre, Sancho, he oído decir que hacer bien a pícaros es echar agua al mar. Si yo hubiera creído lo que me dijiste, hubiera evitado estas penas; pero ya está hecho. Paciencia.

Preguntas

1. ¿Qué vio don Quijote en el camino que llevaban?

2. ¿Quiénes eran aquellos hombres?

3. ¿Qué le dijo Sancho a don Quijote sobre aquellos hombres?

4. ¿Qué les preguntó don Quijote?

5. ¿Quién era el último hombre de la fila y qué habló con don Quijote?

6. ¿Qué conclusión sacó don Quijote y qué decidió?

7. ¿Qué le respondió el guarda?

8. ¿Qué hizo entonces don Quijote?

9. ¿Qué le exigía don Quijote a los presos y qué le respondió Ginés?

10. ¿Cómo acabó todo esto?

DE LA *PENITENCIA* DE DON QUIJOTE

Y dicho esto, subió don Quijote sobre Rocinante y, guiando Sancho sobre su asno, se entraron por una parte de *Sierra Morena*, que allí cerca estaba. Llevaba Sancho la intención de atravesarla toda e ir a salir a *Almodóvar del Campo*, y esconderse algunos días por aquellas montañas por no ser encontrados por la Santa Hermandad, si ésta los buscaba.

Aquella noche llegaron a la mitad de Sierra Morena y la pasaron entre muchos árboles. Pero la suerte contraria, que, según opinión de los que no tienen la luz de la verdadera fe, todo lo guía a su modo, ordenó que Ginés de Pasamonte, por el miedo que tenía a la Santa Hermandad, decidiera esconderse en aquellas montañas. Su suerte y su miedo le llevaron al mismo lugar en el que dormían don Quijote y Sancho. Como los malos no son nunca agradecidos, Ginés, que no era agradecido, le robó el asno a Sancho, y antes de que amaneciese estaba lejos de aquel lugar.

Amaneció, y Sancho Panza, viéndose sin su asno, comenzó a llorar con el llanto más triste y más doloroso del mundo.

Don Quijote, que vio el llanto y supo la causa, consoló a Sancho con las mejores palabras que pudo y le rogó que tuviese paciencia, prometiéndole darle una *cédula de cambio*

---

penitencia, obligación que alguien se impone a sí mismo de hacer algo por algún motivo.

Sierra Morena, ver mapa de la Mancha.

Almodóvar del Campo, ver mapa de la Mancha.

cédula de cambio, escrito que se da en un lugar para recibir en otro lo que se indica. Hoy 'letra de cambio'.

maleta   candado

para que le diesen tres asnos, de cinco que don Quijote había dejado en su casa. Con esto se consoló Sancho y se limpió las lágrimas agradeciéndole mucho a su señor el favor que le hacía. A don Quijote, cuando entró por aquellas montañas, se le alegró el corazón, pues aquellos lugares le parecían convenientes para las aventuras que buscaba.

Sancho iba detrás de su amo, y como le pareció que iban por parte segura, no tenía otra preocupación que comer, y así iba comiendo sin pensar en aventuras.

Alzó los ojos y vio que su amo estaba parado, procurando levantar algo con la punta de la lanza, por lo cual se dio prisa a llegar a ayudarle, si fuese necesario, y cuando llegó, ya don Quijote alzaba con la punta de la lanza una *maleta*. Mandóle don Quijote que mirase lo que en la maleta venía. Sancho lo hizo con mucha rapidez y, aunque la maleta estaba cerrada con cadena y *candado*, vio por la parte que se había roto que en ella había cuatro camisas y, entre unas cosas, unos cuantos *escudos de* oro. Al verlos, exclamó:

– ¡Bendito sea Dios, que nos ha dado una aventura que sea de provecho!

Buscando más, encontró un *librito de memoria*. Este se lo pidió don Quijote y le mandó que se guardase el dinero

---

escudo, moneda.
librito de memoria, cuaderno especial en el que se apuntaban las còsas para no olvidarlas.

y lo tomase para él. Sancho le besó las manos por el favor que don Quijote le hacía y continuaron su camino a través de la Sierra.

Poco a poco iban entrando en ella. Sancho deseaba hablar con su amo y esperaba que don Quijote comenzase a hablar, hasta que, no pudiendo aguantar tanto silencio, le dijo:

— Señor, ¿es buena regla de caballería que andemos perdidos por estas montañas, sin camino?

— Calla, Sancho — dijo don Quijote —, porque te hago saber que lo que me trae aquí es el deseo de hacer una hazaña, con la cual he de ganar eterno nombre y fama por toda la tierra.

— ¿Es de mucho peligro esa hazaña? — preguntó Sancho.

— No, pero todo ha de estar en tu diligencia, en tu rapidez y en tu cuidado.

— ¿En mi rapidez y cuidado? — dijo Sancho —.

— Sí — dijo don Quijote —; porque, si vuelves pronto de donde pienso enviarte, pronto acabará mi pena y comenzará mi gloria. Y quiero, Sancho, que sepas que el famoso Amadís de Gaula fue uno de los más perfectos caballeros andantes. No he dicho bien; fue él solo el primero, el único, el señor de todos cuantos hubo en su tiempo en el mundo. Y una de las cosas en que este caballero mostró más su valor, sufrimiento y amor, fue cuando se retiró, *desdeñado* por la señora *Oriana*, a hacer penitencia en la *Peña Pobre*, cambiando su nombre por el de Beltenebros. Así que me es a mí más fácil imitarle en esto que no en deshacer ejércitos y deshacer encantamientos. Y, pues,

---

desdeñado, despreciado.
Oriana, dama de Amadís.
Peña Pobre, ver página 112.

estos lugares son excelentes para semejantes cosas, no hay por qué dejar pasar la ocasión que ahora se me ofrece.

– ¿Qué es lo que vuestra merced quiere hacer en este lugar lejano? – preguntó Sancho.

– ¿No te he dicho ya – respondió don Quijote – que quiero imitar a Amadís, haciendo aquí el desesperado y el loco?

– A mí me parece – dijo Sancho –, que los caballeros que hicieron una cosa semejante, tuvieron una causa para hacer esas locuras y penitencias; pero vuestra merced ¿qué causa tiene para volverse loco?

– Ahí está el punto – respondió don Quijote –, y ésa es la delicadeza de mi negocio: volverse loco sin motivo y dar a entender a mi dama que si, sin causa, hago esto ¿qué hiciera con ella? Así que, Sancho amigo, no gastes tiempo en aconsejarme que deje de hacer lo que tengo pensado y te he dicho. Loco soy, loco he de ser hasta que tú vuelvas con la respuesta de una carta que contigo pienso enviar a mi señora Dulcinea; si la respuesta es tal como se debe a mi amor, se acabará mi locura y. mi penitencia; pero si fuese lo contrario, seré loco de verdad y, siéndolo, no sentiré nada.

Preguntas

1. ¿Por qué quiere don Quijote hacer penitencia?

2. ¿Quién le robó a Sancho el burro?

3. ¿Qué le dijo don Quijote y cómo le consoló?

4. ¿Qué encontraron dentro de la maleta?

5. ¿Qué quería demostrar don Quijote al hacer la penitencia?

CARTA DE AMOR DE DON QUIJOTE
A DULCINEA

En esta conversación llegaron a una alta montaña, que estaba sola entre otras muchas que la rodeaban. Corría por allí un tranquilo *arroyuelo* y era un lugar tan verde y hermoso que daba alegría a los ojos que le miraban. Había por allí muchos árboles y algunas plantas y flores que hacían el lugar apacible. Este fue el lugar que escogió don Quijote para hacer penitencia. Al verlo, el Caballero de la Triste Figura, comenzó a decir en voz alta, como si estuviera sin juicio:

– Este es el lugar, ¡oh cielos!, que escojo para llorar la desgracia en que vosotros mismos me habéis puesto. ¡Oh Dulcinea del Toboso, día de mi noche, gloria de mi pena, norte de mis caminos! Considera el lugar y el estado en que tu ausencia me ha puesto y corresponde a mi amor. ¡Oh, tú, escudero mío, toma bien en la memoria lo que aquí verás hacer, para que se lo cuentes a mi señora Dulcinea!

Y diciendo esto, se bajó de Rocinante y en un momento le quitó el *freno* y la silla y le dijo:

– Libertad te da el que sin ella queda, ¡oh caballo tan excelente por tus obras como *desdichado* por tu suerte!

freno

---

arroyuelo, río muy pequeño.
desdichado, que no tiene dicha, desgraciado.

Viendo todo esto, dijo Sancho:

– Señor Caballero de la Triste Figura, si mi partida y la locura de vuestra merced van de veras, será bien volver a ponerle la silla a Rocinante, para que *supla* la falta de mi asno, porque será ahorrar tiempo a mi ida y vuelta; si voy andando no sé cuando llegaré, porque soy mal caminante.

– Digo, Sancho – respondió don Quijote –, que sea como tú quieras, que no me parece mal tu idea. Dentro de tres días te irás porque quiero que en este tiempo veas lo que hago y digo por mi dama.

– ¿Qué más tengo que ver – dijo Sancho – que lo que he visto?

– Todavía me falta – respondió don Quijote – romper los vestidos, esparcir las armas y darme de *calabazadas* por estas peñas, con otras cosas semejantes que te han de admirar.

– Por el amor de Dios – dijo Sancho –, que mire vuestra merced cómo se da esos golpes. Mi parecer es que, ya que a vuestra merced le parece que las calabazadas son aquí necesarias y que no se puede hacer esta obra sin ellas, se contentase con dárselas en el agua o en alguna cosa blanda como algodón, que yo diré a mi señora que se las daba en la punta de una peña durísima.

– Te agradezco tu buena intención, Sancho – respondió don Quijote –; pero quiero que sepas que todas estas cosas que hago no son burlas, sino que las hago muy de veras; porque de otra manera sería no cumplir las órdenes de caballería, que nos mandan no decir mentira alguna, y el hacer una cosa por otra es lo mismo que mentir. Así que

---

suplir, ocupar el lugar de otro que falta o hacer lo que otro no puede.
calabazada, golpe dado con la cabeza.

mis calabazadas han de ser verdaderas sin que lleven nada de mentira; y será necesario que me dejes lo que sea *menester* para curarme.

– Le ruego a vuestra merced – respondió Sancho – que considere que han pasado los tres días que me ha dado para que le vea las locuras que hace, y que ya las he visto todas, y le diré maravillas a mi señora; escriba la carta y mándeme con ella, que tengo ganas de volver pronto y sacar a vuestra merced de esta penitencia en la que le dejo.

– Bien dices – dijo el de la Triste Figura –; pero ¿qué haremos para escribir la carta?

– Y la cédula de los asnos – añadió Sancho.

– Todo irá junto – dijo don Quijote –; y ya que no hay papel sería bueno escribir en las hojas de los árboles como hacían los antiguos. Pero ya sé dónde escribirla: en el librillo de memoria que encontramos y tú la harás trasladar a papel en el primer lugar que halles, donde haya maestro de escuela de muchachos.

– ¿Qué se ha de hacer con la firma? – dijo Sancho.

– Nunca las cartas de Amadís se firmaron – respondió don Quijote.

– Está bien – dijo Sancho –, pero la cédula es necesario que esté firmada.

– La cédula irá en el mismo librillo, firmada; y cuando mi sobrina la vea la cumplirá sin dificultad. Y en la carta harás poner por firma: «Vuestro hasta la muerte, el Caballero de la Triste Figura». No importa que la carta vaya escrita por otro, porque Dulcinea no sabe leer ni escribir y nunca ha visto ninguna carta mía; en doce

---

sea menester, sea necesario.

años no la he visto ni cuatro veces, pues su padre Lorenzo Corchuelo y su madre la han criado con mucho *recato*.

– ¿Que la hija de Lorenzo Corchuelo es la señora Dulcinea del Toboso, llamada por otro nombre Aldonza Lorenzo?

– Esa es – dijo don Quijote –, y es la que merece ser señora de todo el mundo.

– Bien la conozco – dijo Sancho – ¡Qué voz tiene! Un día se puso en el *campanario* de la iglesia para llamar a unos *zagales* suyos, que estaban en un campo de su padre, y aunque estaban a más de media legua, la oyeron como si estuvieran junto a ella.

– Ya te he dicho muchas veces, Sancho – dijo don Quijote – que eres muy gran hablador, pero quiero que sepas que, por lo que yo quiero a Dulcinea, vale tanto como la más hermosa princesa de la tierra.

– Vuestra merced tiene razón – dijo Sancho. Escriba vuestra merced la carta que yo llevaré el libro bien guardado.

Don Quijote sacó el librillo y con mucho sosiego escribió la carta. Una vez acabada, llamó a Sancho y le dijo que se la quería leer por si se le perdía el libro por el camino.

– Léamela vuestra merced – dijo Sancho – que me gustará mucho oírla, pero pensar que la voy a aprender de memoria, es locura, porque a veces no me acuerdo ni de mi nombre.

– Escucha – dijo don Quijote.

---

recato, cuidado; retiro.
campanario, torre pequeña donde están colocadas las campanas de la iglesia.
zagal, muchacho, pastor joven.

«Soberana y *alta* señora: el herido de punta de ausencia, dulcísima Dulcinea del Toboso, te envía la salud que él no tiene. Si tu hermosura me desprecia, aunque yo sea muy *sufrido*, mal podré sostenerme en esta pena, que, además de ser fuerte, es muy duradera. Mi buen escudero Sancho te dará entera relación del modo en que por tu causa quedo. Si quieres ayudarme, tuyo soy; si no haz lo que te viniere en gusto; que con acabar mi vida habré satisfecho a tu crueldad y a mi deseo. Tuyo hasta la muerte, El Caballero de la Triste Figura».

–Esta carta es lo mejor que he oído – dijo Sancho –. Digo de verdad que no hay cosa que vuestra merced no sepa.

– Todo es necesario – respondió don Quijote – para el oficio que yo tengo.

– Ponga vuestra merced en esta otra hoja – dijo Sancho – la cédula de los tres pollinos, y fírmela con mucha claridad, para que cuando la vean la conozcan.

– Así lo haré – dijo don Quijote.

Y habiéndola escrito, se la leyó, y decía así:

«Mandará vuestra merced, por esta cédula, señora sobrina, dar a mi escudero Sancho Panza tres de los cinco *pollinos* que dejé en casa y que *están a cargo de* vuestra merced. Los cuales tres pollinos se los mando pagar por otros tantos aquí recibidos. Hecha en Sierra Morena, a veinte y dos de agosto de este presente año».

Sancho le pidió la bendición a su señor y, no sin muchas lágrimas de los dos, se despidió de él y subió sobre Rocinante.

---

alta, sentido figurado 'elevado', aplicado a personas importantes.
sufrido, con mucha capacidad para sufrir, tener esta capacidad.
pollino, asno, burro.
estar a cargo de, estar bajo el cuidado de.

No había andado cien pasos, cuando volvió y dijo:

– Señor, vuestra merced tiene razón: para que pueda afirmar sin cargo de conciencia que le he visto hacer locuras, será bien que haga siquiera una.

– ¿No te lo decía yo? – dijo don Quijote –. Espérate, Sancho, que en un momento las haré.

Sin más ni más dio dos *zapatetas* en el aire, la cabeza abajo y los pies en alto. Sancho se puso de nuevo en camino, contento de que podía jurar que su amo estaba loco.

---

sin más ni más, sin dar explicación alguna.
zapateta, salto acompañado de otro movimiento.

Preguntas

1. ¿En qué consistió la penitencia de don Quijote?

2. ¿Qué le aconseja Sancho y qué le responde a éste don Quijote?

3. ¿Quién es Dulcinea del Toboso?

4. ¿Qué le escribe don Quijote a Dulcinea en la carta?

5. ¿Por qué vuelve Sancho, una vez que había partido?

EL CURA Y EL BARBERO SACAN A SU AMIGO DON QUIJOTE DE SIERRA MORENA

Sancho salió al camino real, y se fue en busca del camino del Toboso, y al otro día llegó a la venta donde había estado con don Quijote en el momento en que salieron de ella dos personas que le conocieron, y una dijo a la otra:

– Dígame, señor licenciado, aquél del caballo ¿no es Sancho Panza, el que salió, según el ama, con don Quijote sirviéndole como escudero?

– Sí es – dijo el licenciado –; y aquél es el caballo de nuestro don Quijote.

Eran el cura y el barbero de su mismo pueblo, que, cuando acabaron de conocer a Sancho y a Rocinante, le dijeron:

– Amigo Sancho Panza, ¿dónde quedó vuestro amo?

Sancho también los conoció, y determinó de ocultar el lugar y la manera en que quedaba don Quijote; les respondió que su amo quedaba ocupado en cierta parte y en cierta cosa que le era de mucha importancia, la cual él no podía descubrir de ninguna manera.

– No, no, – dijo el barbero –; Sancho Panza: si vos no nos decís dónde queda vuestro amo, pensaremos, como ya pensamos, que vos le habéis matado y robado, pues venís encima de su caballo.

– No hay para qué esas amenazas: yo no soy hombre que robe ni mate a nadie; a cada uno le mate su suerte, o Dios que le hizo: mi amo queda haciendo penitencia entre esas montañas.

Luego, sin parar, les contó cómo don Quijote quedaba, las aventuras que le habían sucedido con él; y cómo él

llevaba la carta a la señora Dulcinea del Toboso, que era
la hija de Lorenzo Corchuelo, de la que su amo estaba
enamorado.

Quedaron admirados los dos de lo que les contaba
Sancho Panza, y aunque ya sabían la locura de don
Quijote, siempre que la oían se admiraban de nuevo.

Le pidieron a Sancho que les enseñase la carta que
llevaba. Él dijo que iba escrita en un libro de memoria, y
que era orden de su señor que la hiciera escribir en papel;
a lo cual dijo el cura que él la escribiría con muy buena
letra.

Sancho empezó a buscar el libro, pero no lo podía encontrar porque se había quedado don Quijote con él, y
ni don Quijote se lo había dado, ni Sancho se acordó de
pedírselo.

Cuando Sancho vio que no lo encontraba, se llevó los
dos *puños* a las barbas y se arrancó la mitad de ellas.

---

puño, mano cerrada.

El cura y el barbero al ver esto, le preguntaron qué le había sucedido.

– ¿Qué me ha de suceder? – respondió Sancho – sino que he perdido en un instante tres asnos cada uno como un castillo.

– ¿Cómo es eso? – replicó el barbero.

– He perdido el libro de memoria donde venía la carta para Dulcinea y la cédula por la que mi señor mandaba a su sobrina que me diera los tres pollinos. Y así les contó cómo había perdido el suyo.

El cura le consoló y le dijo que, cuando encontrara a su señor, él le haría otra cédula.

Con esto se consoló Sancho, y dijo que si eso era así no le daba mucha pena de la pérdida de la carta de Dulcinea, porque él la sabía casi de memoria.

– Lo que ahora hay que hacer – dijo el cura – es ver cómo sacar a vuestro amo de aquella penitencia inútil. Y para pensar esto y para comer, será bueno que entremos en la venta.

Sancho, acordándose de lo que le había sucedido en ella, dijo que entrasen ellos y que él esperaría allí fuera; pero que le sacasen allí algo de comer para él y para Rocinante. Ellos entraron y Sancho se quedó fuera, y el barbero, al poco rato, le sacó de comer.

Después, habiendo pensado entre los dos la manera de poder sacar de la Sierra a don Quijote, el cura encontró algo muy del gusto del caballero, y útil para lo que ellos querían: él se vestiría de doncella andante y el barbero haría lo posible por parecer el escudero y así irían donde estaba don Quijote. Fingiendo el cura ser una doncella afligida y necesitada de ayuda le pediría un favor, el cual él no podría dejar de concederle: que se fuese con ella a donde ella le guiase, para deshacerle una ofensa que un mal caballero le había hecho. Así le llevarían a su lugar, donde procurarían ver si tenía algún remedio su extraña locura.

No le pareció mal al barbero la idea del cura, sino tan bien que la pusieron por obra. Pidieron a la ventera ropas de mujer para el cura y algo para el barbero.

Apenas salieron de la venta, el cura pensó que hacía mal en vestirse de aquella manera, por no ser cosa propia de un cura el hacerlo. Se lo dijo al barbero y le propuso que cambiasen de traje. El barbero aceptó lo que el cura decía y éste le fue diciendo lo que tenía que hacer y las palabras que había de decir a don Quijote para obligarle a que dejase su penitencia.

Al otro día llegaron al lugar cerca de donde estaba don Quijote. Sancho se fue a buscar a su amo y dejó al cura y al barbero en un lugar por donde corría un tranquilo y pequeño arroyo, y al que daban sombra agradable y fresca algunos árboles. Todo hacía el sitio agradable y allí esperaron la vuelta de Sancho.

Estando allí, vieron venir hacia ellos dos viajeros perdidos en la Sierra: un hombre llamado Cardenio y una hermosa labradora llamada Dorotea. Después de saludarles cortésmente, se pusieron a hablar con ellos y el barbero les contó la causa por la que estaban allí y la extraña locura de don Quijote y cómo estaban esperando a su escudero que había ido a buscarle.

Estaban hablando de todo esto, cuando oyeron voces y conocieron que las daba Sancho Panza. Salieron a su encuentro y le preguntaron por don Quijote. Les dijo que había hallado a su amo amarillo y muerto de hambre, y que cuando le había dicho que la señora Dulcinea le mandaba que saliese de aquel lugar y se fuese al Toboso, donde le estaba esperando, había respondido que no pensaba aparecer ante ella hasta que no hubiese realizado hazañas dignas de su gracia; que por eso él, Sancho, les rogaba que hiciesen algo para sacar de allí a su amo. El cura le respondió que no tuviese pena, que ellos le sacaríar Contó luego el cura a Cardenio y a Dorotea lo que habían pensado para remedio de don Quijote, o por lo menos, para llevarle a su casa. Dorotea dijo que ella haría de doncella andante necesitada mejor que el barbero, y que tenía allí vestidos para hacerlo muy bien; que la dejasen representar todo aquello que fuera menester para llevar adelante su idea, porque ella había leído muchos libros de caballerías y conocía el estilo que tenían las doncellas necesitadas de ayuda cuando pedían favores a los caballeros andantes.

A todos les pareció muy bien la idea y a todos les contentó la mucha gracia de Dorotea, sobre todo cuando la vieron con sus vestidos, adornada de manera que parecía una rica y gran señora.

El que más se admiró fue Sancho quien pidió al cura que le dijese quién era aquella gran señora y qué buscaba por aquellos lugares.

– Esta señora – respondió el cura –, Sancho hermano, es la *sucesora* del gran imperio de Micomicón, la cual viene en busca de vuestro amo para que le repare una ofensa que un mal gigante le ha hecho; por la fama que de buen caballero vuestro amo tiene por todo el mundo, ha venido a buscarle de Guinea esta princesa. Se llama – continuó el cura – la princesa Micomicona, porque si su reino se llama Micomicón, claro está que ella se tiene que llamar así.

Entonces le dijeron a Sancho que los guiase al lugar en

---

sucesora, la que sigue.

donde don Quijote estaba, y le advirtieron que no dijese
que conocía al barbero, porque en no conocerlo estaba el
poder sacar de allí a su amo.

Habían andado un rato, cuando descubrieron a don
Quijote. En cuanto Dorotea lo vio y fue avisada por Sancho
de que aquél era don Quijote, fue a ponerse de rodillas
delante de él y le habló de esta manera:

— De aquí no me levantaré, ¡oh valeroso caballero!,
hasta que vuestra bondad me conceda un favor, el cual
resultará en honra de vuestra persona y en bien de la más
triste y ofendida doncella que el sol haya visto.

– No os responderé palabra, hermosa señora – respondió don Quijote –, ni oiré más cosas de vos, hasta que no os levantéis de tierra.

– No me levantaré, señor – respondió la doncella –, si primero no me es concedido por vuestra bondad lo que pido.

– Yo os lo concedo – respondió don Quijote –, si no es en daño de mi Rey, de mi patria o de aquella que tiene la llave de mi corazón y de mi libertad.

– No será en daño de lo que decís, mi buen señor – replicó la dolorosa doncella.

Sancho se acercó a su señor y le dijo al oído:

– Bien puede vuestra merced, señor, concederle el favor que pide: es sólo matar a un gigante, y ésta que lo pide es la princesa Micomicona, reina del gran reino de Micomicón.

– Sea quien fuere – respondió don Quijote –; que yo haré lo que estoy obligado y lo que me dice mi conciencia, conforme a lo que tengo por oficio. Y volviéndose a la doncella le dijo:

– Vuestra gran hermosura se levante, que yo le concedo el favor que quiera pedirme.

– Pues lo que pido es – dijo la doncella – que vuestra generosa persona se venga luego conmigo donde yo le llevare y me prometa que no se ha de detener en otra aventura hasta hacerme justicia de un traidor que, contra todo derecho divino y humano, me ha quitado mi reino.

– Digo que así lo concedo – respondió don Quijote –, y mandó a Sancho que ensillase a Rocinante y que le pusiese a él las armas.

Sancho tomó las armas, que estaban colgadas de un árbol, y en un momento armó a su señor, el cual, viéndose armado, dijo:

– Vamos de aquí, en nombre de Dios, a favorecer a esta gran señora.

El barbero estaba aún de rodillas, teniendo gran cuidado de ocultar la risa. Viendo que ya el favor estaba concedido, y que don Quijote se apresuraba para ir a cumplirlo, se levantó, tomó de la mano a su señora y la ayudó a subir sobre una mula; luego subió don Quijote sobre Rocinante y el barbero, sobre otra mula, quedándose Sancho a pie; y todos se pusieron en camino.

Preguntas

1. ¿A quién vio Sancho Panza al llegar a la venta?

2. ¿Qué les contó Sancho al cura y al barbero?

3. ¿Qué hicieron el cura y el barbero para sacar a don Quijote de Sierra Morena?

4. ¿Por qué no quería entrar Sancho en la venta?

5. ¿Por qué no quería ir don Quijote al Toboso?

6. ¿Qué le dijo Dorotea a don Quijote?

7. ¿Qué respondió éste?

BATALLA DE DON QUIJOTE
CONTRA UNOS *CUEROS* DE *VINO TINTO*

Cardenio y el cura habían estado viéndolo todo por entre unas ramas y no sabían qué hacer para juntarse con sus compañeros; pero el cura, que era hombre de imaginación, dijo lo que iban a hacer.

Y fue que se pusieron a la salida de la Sierra y, cuando salió de ella don Quijote con sus compañeros, el cura se puso a mirarlo con mucha atención, y al fin se fue hacia él con los brazos abiertos y diciendo a grandes voces:

– Para bien sea hallado el espejo de la caballería, mi buen paisano don Quijote de la Mancha, el amparo y remedio de los necesitados, el mejor de los caballeros andantes. Diciendo esto, tenía abrazado a don Quijote por la rodilla de la pierna izquierda; el cual, maravillado de lo que veía y oía decir y hacer a aquel hombre, se puso a mirarle con atención. Al fin le reconoció y quedó como espantado de verle. Quiso bajarse del caballo, pero el cura no lo consintió, por lo cual don Quijote decía:

– Déjeme vuestra merced, señor licenciado; que no es razón que yo vaya a caballo y tan respetable persona como vuestra merced vaya a pie.

– Esto no lo consentiré yo de ninguna manera – dijo el

cuero

---

vino tinto, vino rojo.

cura –; vaya vuestra merced a caballo, pues estando a caballo acaba las mayores aventuras que se han visto en nuestro tiempo; a mí me bastará subir en una de las mulas de estos señores que con vuestras mercedes caminan.

Don Quijote le dijo a la doncella:

– Señora mía, guíe vuestra hermosura por donde más gusto le diere.

– ¿Hacia qué reino quiere guiar vuestra merced? Es acaso hacia el de Micomicón? Que sí debe ser, o yo sé poco de reinos.

Ella respondió:

– Sí, señor; hacia ese reino es mi camino.

– Si es así – dijo el cura –, por la mitad de mi pueblo hemos de pasar, y allí tomará vuestra merced el camino de *Cartagena*, donde se podrá embarcar; y si hay viento favorable y mar tranquilo, en poco menos de nueve años podrá estar cerca del reino de vuestra grandeza.

– Vuestra merced se engaña, señor mío – dijo ella –, porque no hace dos años que yo salí de mi reino y nunca tuve buen tiempo, pero aun así he llegado a ver lo que más deseaba, al señor don Quijote de la Mancha, cuyas hazañas llegaron a mis oídos en cuanto puse los pies en España.

– No más, cesen mis alabanzas – dijo don Quijote –, porque soy enemigo de todo género de ellas y semejantes conversaciones ofenden mis orejas.

Iban hablando, cuando, de repente, vieron venir por el camino a un hombre sobre un asno y cuando llegó cerca de ellos les pareció que era *gitano*; pero Sancho Panza, que

---

Cartagena, ver mapa.

gitano, individuo que pertenece a cierto pueblo esparcido por el mundo.

por todas partes por donde veía asnos, creía ver el suyo, conoció que el hombre era Ginés de Pasamonte y a grandes voces dijo:

– ¡Ah Ginesillo! ¡Suelta mi vida, deja mi asno! ¡Huye y deja lo que no es tuyo!

Ginés, al oír su nombre, saltó al suelo y desapareció de delante de todos en un momento. Sancho se acercó a donde estaba su asno y abrazándole le dijo:

– ¿Cómo has estado, bien mío, compañero mío?

Y diciendo esto, le besaba y le abrazaba como si fuera una persona. Y el asno le dejaba hacer, sin responderle palabra alguna. Llegaron todos y se alegraron con Sancho, porque éste había hallado a su asno, especialmente don Quijote, el cual le dijo que no por eso *anulaba* la cédula de los tres pollinos. Sancho se lo agradeció mucho.

Al otro día llegaron a la venta, espanto de Sancho, y aunque él hubiera querido no entrar, tuvo que hacerlo.

La ventera y el ventero, que vieron venir a don Quijote y a Sancho, salieron a recibirlos, dando señales de mucha alegría. Don Quijote pidió que le preparasen un lecho y se

---

anular, dejar sin efecto una cosa; aquí, la cédula.

acostó, porque venía muy cansado y falto de sueño. El cura pidió que les preparasen de comer lo que hubiera en la venta, y el ventero, con la esperanza del pago, les preparó una buena comida. Mientras ellos comían, don Quijote estaba durmiendo, pues no quisieron despertarle, pensando que le haría mejor el descanso que la comida.

Hablaron, entre otras cosas, de la extraña locura de don Quijote y, cuando Sancho no estaba allí, la ventera les contó lo que le habían hecho con la manta.

Estaban hablando de todo esto, cuando del lugar donde reposaba don Quijote salió Sancho diciendo a grandes voces:

– Acudid, señores, pronto y ayuda a mi señor, que anda envuelto en la más reñida batalla que mis ojos han visto; ha dado tal cuchillada al gigante enemigo de la señora princesa que le ha partido la cabeza al medio.

– ¿Qué dices, hermano? – dijo el cura – ¿Cómo puede ser eso estando el gigante a más de dos mil leguas de aquí?

En esto oyeron gran ruido en el aposento y que don Quijote decía a voces:

– ¡Detente que aquí te tengo, y no te ha de valer tu *cimitarra*!

Y parecía que daba grandes cuchilladas en las paredes. Y Sancho dijo:

– No tienen que pararse a escuchar, sino entrar y acabar con la batalla y ayudar a mi amo, porque, sin duda alguna, el gigante está ya muerto, y dando cuenta a Dios de su

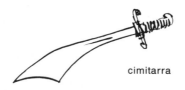

cimitarra

bonete

çaldero

pasada mala vida; que yo vi correr la sangre por el suelo y la cabeza cortada y caída a un lado, que es tan grande como un cuero de vino.

Al oír esto dijo el ventero:

– Ese don Quijote o don diablo ha dado alguna cuchillada en alguno de los cueros de vino tinto que en su aposento estaban llenos, y el vino derramado es lo que le parece sangre a este buen hombre.

Se fue al aposento, y todos detrás de él, y hallaron a don Quijote en el más extraño traje del mundo. Estaba en camisa, las piernas eran muy largas y flacas y llenas de *vello* y nada limpias; tenía en la cabeza un *bonete* colorado y sucio, que era del ventero; en el brazo izquierdo tenía envuelta la manta de la cama; en la mano derecha tenía la espada, con la cual daba cuchilladas a todas partes, diciendo palabras como si verdaderamente estuviera peleando con algún gigante. Y es lo bueno que no tenía los ojos abiertos, porque estaba durmiendo; que fue tan intensa la imaginación de la aventura que iba a acometer, que le hizo soñar que ya había llegado al reino de Micomicón. Había dado tantas cuchilladas a los cueros, creyendo que era el gigante, que todo el aposento estaba lleno de vino. Lo cual visto por el ventero, comenzó a darle golpes. Con todo, el pobre caballero no se despertó, hasta que el

---

vello, pelos cortos y finos que cubren algunas partes del cuerpo de las personas.

barbero trajo un *caldero* de agua fría y se lo echó encima.

Sancho andaba buscando la cabeza del gigante por el suelo, y como no la hallaba, dijo:

– Ya sé que todo lo de esta casa es encantamiento; ahora no aparece esta cabeza, que vi cortar con mis ojos, y la sangre corría del cuerpo como de una fuente.

– ¿Qué sangre ni qué fuente dices, enemigo de Dios? –

dijo el ventero – ¿No ves que la sangre y la fuente no son otra cosa que estos cueros que están aquí llenos de cuchilladas?

El cura había agarrado las manos a don Quijote, el cual, creyendo que ya había acabado la aventura y que se hallaba delante de la princesa Micomicoma, se puso de rodillas y le dijo:

– Bien puede vuestra hermosura, señora, vivir segura de que ya no le podrá hacer mal esta mal nacida criatura; yo soy libre de la palabra que os di, pues con la ayuda del cielo y el favor de aquélla por quien yo vivo y respiro, la he cumplido.

– ¿No lo dije yo? – dijo, oyendo esto, Sancho.

¿Quién no había de reír con los disparates de uno y otro? Todos reían menos el ventero, pero el cura lo calmó, y llevó a don Quijote a la cama, el cual se quedó dormido. Dorotea consoló a Sancho, el cual aseguró a la princesa que él había visto la cabeza del gigante por el suelo y que, si no aparecía, era porque todo lo que pasaba en aquella casa era cosa de encantamiento, como él lo había probado otra vez que había estado en ella.

Preguntas

1. ¿Qué le dijo el cura a don Quijote?

2. ¿Qué le dijo Sancho a Ginés y qué hizo éste?

3. ¿Qué le dijo Sancho a su asno?

4. ¿Qué sucedió en la venta?

5. Describir la lucha de don Quijote con los cueros de vino.

6. ¿Qué le dijo don Quijote a Dorotea después de la batalla?

7. ¿Qué le dijo Sancho a Dorotea?

EL ENCANTAMIENTO DE DON QUIJOTE Y SU VUELTA A LA ALDEA, CON LO QUE DA FIN LA PRIMERA PARTE DE LA HISTORIA DEL HIDALGO

Hacía dos días que estaban en la venta y, pareciéndoles que era el momento de partir, dieron orden para que sin el trabajo de ir Dorotea con don Quijote a su pueblo, pudiesen el cura y el barbero llevárselo y procurar la curación de su locura en su tierra.

Se pusieron de acuerdo con un hombre que llevaba un carro de bueyes y que pasaba por allí, para que lo llevase de este forma: hicieron como una *jaula* de palos en la que pudiese ir bien don Quijote, y luego todos se cubrieron los rostros y se vistieron unos de una manera y otros de otra, de modo que a don Quijote le pareciese que era otra gente distinta a la que antes había visto. Hecho esto, con grandísimo silencio, entraron donde él estaba durmiendo. Se acercaron a él y, cogiéndole fuertemente, le ataron las manos y los pies, de modo que cuando despertó asustado, no pudo moverse ni hacer otra cosa que admirarse de ver delante de él a tan extrañas figuras. Creyó que todas ellas eran *fantasmas* del castillo, y que, sin duda alguna, él estaba encantado, pues no se podía mover ni

jaula   fantasma

defender. Sancho conoció quiénes eran aquellas figuras, pero no abrió la boca, hasta ver *en qué paraba* todo aquello.

Llevaron la jaula al aposento de don Quijote, le encerraron en ella y luego le tomaron en hombros, y al salir del aposento, se oyó una voz que causaba temor, y fue tanto como supo hacerlo el barbero, que decía:

— ¡Oh Caballero de la Triste Figura! No te dé pena la forma en que vas, porque así conviene para acabar más pronto la aventura en que tu gran valor te puso.

Don Quijote quedó consolado y creyendo lo que le decían, alzó la voz, y dando un gran suspiro, dijo:

— ¡Oh, tú, que aunque no sé quién eres me has prometido tanto bien! Te ruego que le pidas de mi parte al sabio encantador que mis cosas tiene a cargo, que no me deje morir en esta *prisión* donde ahora me llevan.

Cuando don Quijote se vio encima del carro dijo:

— He leído muchas historias de caballeros andantes; pero jamás he leído, ni visto, ni oído que a los caballeros encantados los lleven de esta manera, porque siempre los suelen llevar por los aires con extraña ligereza, encerrados en alguna obscura nube o en algún carro de fuego. Que me lleven a mí ahora en un carro de bueyes, me pone en confusión. Pero quizá la caballería y los encantos de estos nuestros tiempos deben seguir otro camino distinto al de los antiguos.

Antes de que se moviese el carro, llegaron la ventera y su hija a despedirse de don Quijote, fingiendo que lloraban de dolor por la desgracia del caballero.

Don Quijote les dijo:

— No lloréis, mis buenas señoras, que todas estas desgra-

---

en qué paraba, cómo terminaba.
prisión, cárcel (fig.)

cias sufren los caballeros andantes; y si no me sucedieran estas cosas no *me tendría* yo *por* famoso caballero. A los caballeros de poco nombre y fama nunca les suceden semejantes casos, porque no hay en el mundo quien se acuerde de ellos, pero a los valerosos, sí.

Subió el cura a su caballo, y también su amigo el barbero y se pusieron a caminar tras el carro con el resto de la compañía. Don Quijote iba sentado en la jaula, con las manos atadas, y con tanto silencio y tanta paciencia como si no fuera hombre de carne y hueso, sino estatua de piedra.

Despacio y en silencio caminaron dos leguas, hasta llegar a un valle tranquilo y verde donde se detuvieron para reposar y para comer.

Soltaron los bueyes del carro y los dejaron andar a su gusto por aquel verde y apacible sitio. Sancho rogó al

---

me tendría por, me consideraría.

cura que permitiese a su señor salir de la jaula un rato porque si no le dejaba, no iría tan limpia aquella prisión como se debía a tal caballero.

El cura dijo que haría de muy buena gana lo que le pedía, pero que temía que, viéndose su señor en libertad, pudiera irse donde nadie le viese jamás. Pero si me promete – continuó el cura – como caballero que no se apartará de nosotros, le dejaré salir un rato de la jaula.

– Lo prometo – respondió don Quijote, que todo lo estaba escuchando –; además, el que está encantado, como yo, no tiene libertad para hacer de su persona lo que quisiere, porque el que le encantó puede hacer que no se mueva de un lugar en tres siglos; y si huye le hará volver por los aires.

El cura lo sacó de la jaula y don Quijote se alegró mucho; se fue a donde estaba Rocinante y le dijo:

– Aún espero en Dios y en su bendita Madre, flor y espejo de caballos, que pronto nos veremos los dos como deseamos: tú con tu señor encima y yo ejerciendo el oficio para el que Dios me trajo al mundo.

Dicho esto, se apartó don Quijote y al rato volvió.

Se sentaron a la sombra de unos árboles y comieron todos en paz y compañía.

Después se pusieron en camino y, a los siete días, llegaron a la aldea de don Quijote, a donde entraron a mitad del día, que era domingo, y la gente estaba toda en la plaza, por la mitad de la cual atravesó el carro de don Quijote. Acudieron todos a ver lo que en el carro venía, y cuando conocieron a su vecino quedaron maravillados. Un muchacho fue corriendo a dar la noticia al ama y a la sobrina de que su señor y tío venía flaco y amarillo sobre un carro de bueyes.

Fue cosa de lástima oír los gritos de las dos pobres se-

ñoras y las maldiciones que echaron a los libros de caballerías, todo lo cual aumentó cuando vieron entrar a don Quijote por sus puertas.

A las noticias de la venida de don Quijote, acudió la mujer de Sancho Panza, que ya sabía que su marido se había ido con don Quijote a servirle como escudero, y así como vio a Sancho, lo primero que le preguntó fue que si venía bueno el asno. Sancho respondió que venía mejor que su amo.

– Gracias sean dadas a Dios – dijo ella –, que tanto bien me ha hecho; pero contadme ahora, amigo: ¿qué bien habéis sacado por ser escudero? ¿Qué me traéis a mi? ¿Qué zapatos traéis a vuestros hijos?

– No traigo nada de esto – dijo Sancho –, mujer mía, aunque sí otras cosas de más consideración.

– De eso recibo yo mucho gusto – respondió la mujer –; mostradme esas cosas para que se me alegre el corazón, que tan triste ha estado en todos los siglos de vuestra ausencia.

– En casa os las mostraré, mujer – dijo Sancho –, y por ahora estad contenta; que si Dios quiere y salimos otra vez a buscar aventuras, vos me veréis pronto gobernador de una ínsula, y no de cualquiera, sino de la mejor que pueda hallarse.

– Quiéralo así el cielo, marido mío; que bien lo necesitamos. Mas decidme: ¿qué es eso de ínsulas, que no lo entiendo?

– *No es la miel para la boca del asno* – respondió Sancho –. A su tiempo lo verás. Ahora sólo te sé decir que no hay cosa mejor en el mundo que ser un hombre honrado escudero de un caballero andante que anda buscando aventuras.

Así hablaban Sancho y su mujer mientras el ama y la sobrina recibieron a don Quijote y le llevaron a su antiguo aposento y le pusieron en su antigua cama. Él las miraba y no acababa de entender en qué parte estaba. El cura le encargó a la sobrina que cuidase muy bien a su tío y que estuviese con cuidado de que no se les escapase otra vez. Le contó también todo lo que había sido necesario hacer para llevarle a su casa. Al oírlo el ama y la sobrina, volvieron a llorar a grandes voces y repitieron las maldiciones contra los libros de caballerías, y pidieron al cielo que castigase a los autores de tantas mentiras y locuras. Finalmente se callaron, pero se quedaron con miedo de que se quedarían otra vez sin su amo y tío en el mismo momento en que don Quijote tuviese alguna mejoría, y así fue como ellas se lo imaginaron.

---

no es la miel para la boca del asno, refrán que se dice cuando alguien no sabe o no puede apreciar lo bueno de una cosa o de una situación.

Preguntas

1. ¿Qué hicieron el cura y el barbero con don Quijote?

2. ¿Qué le respondió don Quijote al barbero?

3. ¿Qué dijo don Quijote cuando se vio sobre el carro?

4. ¿Cómo iba don Quijote?

5. ¿Cuándo llegaron al pueblo y qué sucedió a su llegada?

6. ¿Qué hicieron el ama y la sobrina cuando vieron llegar a don Quijote?

7. ¿Qué le dijo Teresa Panza a su marido?

8. ¿Qué pensaron la sobrina y el ama?

9. ¿Volvió a marcharse don Quijote a buscar aventuras?

NOTAS

Libros de caballerías, libros en los que se cuenta lo que hacían los *caballeros andantes*, que iban por el mundo buscando sucesos extraordinarios en los que mostrar su valor.

Bucéfalo, cabeza de buey, nombre del caballo de *Alejandro Magno*, rey de Macedonia (356-323 a.d.J.C.).

Babieca, nombre del caballo de Rodrigo Díaz de Vivar, llamado el *Cid Campeador* (1043-1099). El Cid pasó su vida luchando contra los moros, quienes le llamaron Cid (= señor), y al servicio del rey de Castilla.

Amadís de Gaula, personaje principal del libro del mismo nombre. Este libro es uno de los más célebres de entre los de caballerías y Amadís es el caballero perfecto y amante fiel.

Tirante el Blanco, novela de caballerías escrita en catalán (1490) por Martorell y por Juan de Galba.

Frestón, Fristón, sabio encantador que se supone había escrito el libro de caballerías titulado *Don Belianís de Grecia*.

Briareo, uno de los gigantes que quiso luchar contra Júpiter; tenía, según la mitología, cien brazos.

vos, forma de tratamiento, 1: de respeto, usado en lugar de 'usted'. 2: tratamiento que dan los superiores a los inferiores. Estos son usos de la lengua antigua.

Santa Hermandad, tribunal de aquella época que se ocupaba de juzgar los crímenes cometidos fuera de los lugares habitados.

Peña Pobre o Peña del *Ermitaño*, – hombre que vive solo –, morada o vivienda de Andalod situada en una isla imaginaria. En ella encuentra Amadís al ermitaño cuando se retiró a la Peña Pobre para hacer penitencia de amor.